穿行 诗与思的边界

卡尔·本茨（Carl Benz, 1844.11.25—1929.4.4），摄于 80 岁生日。

奔驰人生

"汽车之父"卡尔·本茨自传

[德] 卡尔·本茨——著

任友林——译 关玉红——校

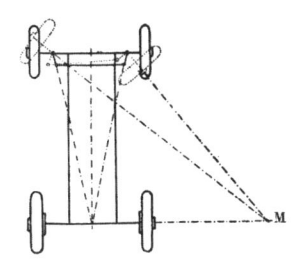

图书在版编目（CIP）数据

奔驰人生：''汽车之父''卡尔·本茨自传 /（德）卡尔·本茨著；任友林译. -- 北京：中信出版社，2025.1. -- ISBN 978-7-5217-7039-1

Ⅰ . K835.166.16

中国国家版本馆 CIP 数据核字第 2024BD0614 号

奔驰人生：''汽车之父''卡尔·本茨自传

著者： [德] 卡尔·本茨
译者： 任友林
校者： 关玉红
出版发行：中信出版集团股份有限公司
（北京市朝阳区东三环北路 27 号嘉铭中心　邮编　100020）
承印者： 北京通州皇家印刷厂

开本：880mm×1230mm 1/32　印张：6.25　字数：99 千字
版次：2025 年 1 月第 1 版　印次：2025 年 1 月第 1 次印刷
书号：ISBN 978-7-5217-7039-1
定价：68.00 元

版权所有·侵权必究
如有印刷、装订问题，本公司负责调换。
服务热线：400-600-8099
投稿邮箱：author@citicpub.com

目　录

村庄铁匠铺的火光　001

父亲和母亲　004

小卡尔　009

假日的欢乐　010

文理中学的时光　016

最高的目标　024

学徒漫游期　029

骑着吱嘎作响的老式单车　032

自己的家和工坊　037

最美好的新年夜　040

阻　力　042

新型二冲程发动机　045

绘图板上的草图变成可以开动的汽车　052

最初的试驾　081

报纸首次报道　086

为汽车的未来而奋斗　091

新式车辆被警察拦下　097

我们驶向世界！　099

三段式传动轴的安装　112

"怪物"开始在乡间路上出没　117

来自德国、匈牙利和波希米亚的首批买家　120

请记住，你是一个德国人　125

德国汽车工业的蓬勃发展　130

汽车是文化财富　144

汽车的发明者　149

80 岁生日　160

运动的乐趣　171

慕尼黑的庆典　174

回忆与展望　186

结束语　189

卡尔·本茨生平　190

村庄铁匠铺的火光

作为八旬老人，当我从生命的皑皑雪峰上回首远眺童年的景象，我仿佛回到了故乡，那片儿时的故土。蓝色山峦在朦胧中向远方蜿蜒。还有那条山谷，天晓得我怀着热切的度假心情在那里穿行过多少次。现在，它清晰可见，是那样令人心旷神怡，碧绿的草地和潺潺的溪流就在谷底。

山坡上布满冷杉，山顶上，在阳光与森林暗影之间梦幻般地矗立着一座小村庄，透露着黑森林地区的村庄独有的孤寂。

这个可爱的小村庄名叫普法芬罗特。这里是我父辈的家乡。我的祖父和曾祖父曾经管理着这片远离尘嚣的绿色乐土。

不过，我的前辈并非贵族，他们只不过是这片森林故地上的朴实农民的儿子，但他们担任了几代村长，是这里的管理者。

祖父曾告诉我，他作为村长，主掌了全村27年，有苦有甜，亲力亲为。因公事找他的人，总可以在小街右首的铁匠铺找到他。因为他就是那样一个人，在作坊里，身怀绝技，响亮地哼唱着铁匠之歌，声音传遍祥和宁静的小村庄。当他抡起大锤，而火花四溅时，那烧红的铁块一定会按照他的意志成型。

村里的铁匠铺至今仍在，我的祖父米夏埃尔·本茨（Michael Benz，1778—1843）早在拿破仑时代就在那里抡锤打铁，将生活的烦恼抛诸脑后。

这个铁匠铺实际上在拿破仑时代之前就已经存在几百年了，那里是我们家族祖祖辈辈的根。

那些想追根溯源的人往往会惊讶地发现，他们的祖先在五彩缤纷的历史长河中生生不息。农民和手艺人，教员和商人，药剂师和医生，一代一代，更迭相传。然而，我并未传承祖先的衣钵。

我的宗亲之树植根于几百年前的村庄铁匠铺。我仿佛看到祖先们身穿皮围裙，手握锤子，一个接着一个排起长长的队伍，他们都是铁匠，直到我祖父和父亲，都是铁匠。今天，当我回想这一切，我才明白，为什么生活中当我高兴的时候，我经常会拍手唱道："当我站在铁砧旁。"我的祖先们都继续活在我身体的某个部分，在我的脑细胞、血

图1　已有百年历史的村庄铁匠铺，它属于卡尔·本茨的祖先。

液或心脏里。他们只要一听到这首歌，就一定要与我一道哼唱，激动得仿佛要在我的身体里和我一齐欢呼。因此，欢快拍着的双手如同振动的声带，打着节拍。

祖父有两个儿子和一个女儿。大儿子叫汉斯·格奥尔格·本茨（Hans Georg Benz，生于1809年1月8日），二儿子叫安东·本茨（Anton Benz，生于1812年9月14日）。两个儿子都继承了家族传统，成了铁匠。昵称为"托尼村长"的二儿子，想在幸福的祖先们留下的铁砧上延续这份幸福，因此留在了村里当铁匠，而老大汉斯约尔格（Hansjörg，即Hans Georg）则选择背起行囊，去闯荡世界。

父亲和母亲

1843年4月，卡尔斯鲁厄—海德堡之间的铁路开通了，铁轨通向一个全新的世界。从四面八方涌来的好奇之士惊叹于蒸汽机车连挂着车厢，以闻所未闻的高速在轨道上行驶。

在蒸汽机车上站着一个人，他曾因心中对旅行的甜蜜向往而离开宁静的山林峡谷和冷杉坡，去往繁华热闹、熙熙攘攘的城市。这个人就是汉斯约尔格。他站在机车上，脸上洋溢着幸福的笑容。他实现了儿时的梦想。让他感到自豪的是，人们信任他，让他驾驶这个崭新的钢铁运输庞然大物。我也为这位驾驶着巴登第一批铁路机车驶向新时代的人感到骄傲，在这个时代，铁轨网络遍布全球。

就算我从未认识过他，我也为他骄傲，因为他就是我的父亲。

从未认识过？遗憾的是，确实如此。我是1844年11月

图2　海德堡火车站。巴登的第一条铁路经过这里。

26日出生于卡尔斯鲁厄的。1846年的一天，家里来了几个黑衣人，他们把父亲抬到了墓地——一个有去无回的地方。他们带走了父亲，也带走了我们的幸福。那个站在蒸汽机车上、满脸洋溢着幸福笑容的火车司机被死神拉住不放手，最终为职业献身，工作到最后一息。

从卡尔斯鲁厄乘车到海德堡，会经过一个叫圣伊尔根的车站。在我父亲生活的那个年代，正是在这里，有一次一个扳道员扳错了道岔，导致火车脱轨，不是我父亲开的那辆，而是他同事开的那辆。脱轨机车的司机和扳道员向父亲求救，这俩人都害怕受到重罚。父亲无法拒绝他们的请求，尽管叫来了几个可信之人一起帮忙，但起重工作仍相当吃力和困难。父亲和在场其他人竭尽全力，把机车重新扳回轨道。乐于助人的父亲汗流满面，看得出他已经用尽全力，但是不能再耽搁了，他的停车逗留时间已经到了。他满头大汗地回到自己的火车上，这位恪尽职守的火车司机丝毫不顾及自己，顾不上此刻浑身是汗的状态。在铁轨上，他只认铁一般的责任和担当，而这恰恰使他深陷厄运，因为不同于我们今天的火车，他的驾驶台是没有任何防护装置的。

几天后，父亲便从驾驶台转移到了病床，由于着凉和感冒，他患上了严重的肺炎。但他一直心系他的蒸汽火车，仿佛看见车头就在病床边。在痛苦的梦中，火车头总是浮现在他的眼前。即便高烧不退，他仍然不断地念叨着他的蒸汽火车。

最后，他安静了，完全安静了。火车消失了，随之消失的还有他所有的激情、思绪和梦想。重病很快就夺走了这位意志坚强的年轻人36岁的生命。要说我故去的父亲遗留给我什么东西的话，好像没有别的，只有道德标准上的光辉榜样："人要高尚、善良、乐于助人。"

就这样，我在两岁时失去了父亲。然而，我还有母亲，她是世界上最好的母亲。

我打开写字台右边的抽屉，里面有个东西，我像珍宝一样珍藏了一辈子，它就是我那可怜的母亲送给我的一个透镜。在我 80 年的人生中，我曾无数次透过这个透镜看到她又出现在我面前，和当年一样，她像英雄一样伟大。只有英雄，像母亲一样勇敢的英雄，才能够在父亲早逝后战胜我们所陷入的悲惨命运。没有什么比母爱更能战胜逆境。与所有的母亲一样，孩子一出生，她就倾其所有，把一生都给了孩子，她可以挨饿受冻，可以吃苦受穷、担惊受怕、克勤克俭，她也可以含泪大笑，只因孩子在快乐地笑。

父亲闭上双眼以后，我的好妈妈同时要扮演两个角色——父亲和母亲。

"来吧，为了孩子们，让我们好好地生活吧。"这美丽的话语时时飘荡在家里，像是命令又像是宣言，让母亲再次振作起来。她身材高挑、清瘦、朴素。她的眼睛闪烁着善良的光芒。她的脸透着一股力量、毅力还有活力。她自己也经历了一段艰苦的童年。她的父亲成了那个男人的牺牲品，那个无法控制自己的征服欲的男人，在他的铁蹄下，半个世界在怒吼。众所周知，外族人给我们套上的科西嘉枷锁异常沉重，我们的祖辈被迫跟随拿破仑的大军东征俄国。那里冰天雪地，尸陈四野，路上躺满战死的、冻死的、饿死的士兵，那个巴登的"宪兵"——我母亲的父亲，也留在了那里。后来，我们从其他参战者那里听说了关于他生平的一些事。据说，我的外祖父与其他骑兵一道在一个仓库棚子里过夜。马匹都在下边，骑兵们都睡在储藏草料的顶棚上。到了夜里，马有些骚动。外祖父起身下去看个究竟，从此杳无音信，战友们无人关心他到底哪儿去了。有人猜测，他可能在这次敌人的突袭中被杀了。

这就是科西嘉的拳头，它压榨出人们最后一滴眼泪和鲜血。关于这些悲伤和苦难的泪水的故事，我母亲在儿时就经历了很多。

现在，这个被苦难压弯了腰，但是从少年时期开始就在苦难中练成钢铁意志的妇人，想在我的人生旅途中站在我身旁，先是冲锋在前，而后并肩战斗。父亲因公去世，国家下发了一笔抚恤金，但数额太少，不足以养活一家人，"为生存而奋斗"这句话听起来就让人忧心忡忡。为了让儿子受到良好的教育，她牺牲了一切，就连那点极其微薄的积蓄也拿了出来。她用所有母亲都拥有的那双柔软的手把小生命托起，让他在阳光下茁壮成长。他不应该迎着太阳野蛮生长，母亲早早地就给了他一个进取上升的坚固支撑。这个指引方向的支撑点就是文理中学。可是，我讲得太快了。现在，我们还是先讲讲小卡尔吧。

小卡尔

母亲曾说，小时候的我，在上小学之前，在玩耍中就明显表现出特异性和独特性。无论我画什么，总是有冒着烟的火车头，还有前后排列整整齐齐的火车座位，那是火车车厢，而看起来像拐杖一样的线条就是车轮上的连杆。晚上，我像火车一样轰隆隆地跳上我的小床。早上，我又轰隆隆地从床上蹦起来。火车，无需马拉的车！它让我在童年时代感到莫名的幸福，但也让母亲感到莫名的忧伤。火车——我心中最崇高和伟大之物，我的一切！

当然，严肃的母亲只是怀着复杂的感情看着这些冒险游戏和遐想。她尊重流淌在血液里的传统，不过，在技术方面，她可不愿意在生命中再遭遇痛苦经历了。这位年轻的火车迷所释放出的发明家的欣悦，是母亲没有料到的。依照母亲的想法，他应该成为一名公务员。因此，他9岁时选择了文理中学。

假日的欢乐

无论小学,还是文理中学[1],我一直认为假期能在阿尔布塔尔[2]的高山上度过是一种特别的快乐,因为那里是我父辈的故乡。

山上这片被森林环绕的草地自古以来与世隔绝。在1790年以前,这里还没有林间小道,只有一些崎岖蜿蜒、杂草覆盖的小路。18世纪初,在冷杉林中还能听到狼的嚎叫声。这个地方离主干道非常之近,却又如此与世隔绝,远离尘嚣。这里的高山草场上有一个女修道院(又称"弗

---

[1] 根据德国的教育制度,小学毕业后,学生要在文理中学(Gymnasium)、实科中学(Realschule)以及职业预科(Hauptschule)中进行选择,成绩较好的学生才能读文理中学,是将来就读综合性大学(Universität)的必经之路。——译者注

[2] 黑森林地区的自然保护区。"阿尔布塔尔"(Albtal)这个名字由"高山草场"(Alb)和"山谷"(Tal)组成,也表明了这片区域的特征。——译者注

劳恩阿尔布"[1]），在三十年战争期间的 1622 年，沿路烧杀抢掠的克罗地亚人似乎并没有感觉到它的存在。据记载，"它仿佛坐落在山谷里，除了天空和森林，人们什么也看不到。克罗地亚人也没有发现这里，却看到了它周围的一切，比如花园、农田，还有一个小鱼塘"。

在我的童年时代，那里令人陶醉的碧绿的高山草地上，有最美丽的金盏花和报春花。在宁静的山谷森林斜坡上，我采到最美味的蓝莓和覆盆子。那里的一切都是最美最好的，因为所有一切都被我童年的阳光亲吻着，绽放着，直到成熟。今天，那里的蓝莓或许不再是最好的，但在我的童年时代，它们肯定是最好吃的，因为它们在我童年的光辉照耀下生长。

在偏僻孤寂的普法芬罗特，那里的山顶上有一个如此可爱的小世界！在村子的铁匠铺里，我总是喜欢凝神注视铁匠叔叔，看着他手握长钳把铁块塞进炭火，然后脚上踏起风箱。当叔叔围着皮围裙，挽起衬衫袖子，抡起大锤砸向马蹄铁和铁砧的时候，我觉得他就像火星四射中的《尼伯龙根之歌》里的英雄齐格弗里德。祖先的热血在我心中

---

[1] 德语为 Frowenalb，由"妇女"（Frowen，按照现在的德语正字法应为 Frauen）和"高山草场"（Alb）两个词组成。——译者注

涌动，我想："这就是最美丽、最强大、最德意志式的手艺。"当我自己和师傅一道挥舞铁锤的时候，我最喜欢听的就是那铁砧轰鸣、大地颤抖的感觉。这简直就是音乐，那时它给我留下的印象远比后来世界上最好的剧院交响乐更为深刻。

这个有着数百年历史的修道院村落有一种幽灵萦绕的氛围。的确有幽灵瞪着火红的眼睛，在漆黑的深夜飘过窗前，这让人想起在那个迷信的时代，每个被掏空的、里面发出微弱闪烁的烛光的南瓜头都让人觉得很恐怖。只要夕阳西下，夜幕降临，各种幽灵鬼魂的故事就开始轮番上演。这些故事像飞蛾蜂拥在路灯周围那般，围绕着不复存在的东西讲述着有几百年历史，如今早已日落西山、早已消失的修道院的故事！

根据1803年通过的《帝国代表团会议主议书》，本笃会弗劳恩阿尔布修道院被取缔，但因其在十多个属地村落中留下悠久的印记，它在村民的传统中从未被遗忘，在我度假的普法芬罗特村（Pfaffenroth / Pfaffinrode，村名来自ausroden一词，意为"砍伐森林，使之成为耕地"）尤其如此。因为只有女修道院院长自己有权修建铁匠铺及任命村长，所以我的先辈们必须"竖起三根手指"向她宣誓。这个"女性贵族共和国"的首脑是女修道院院长，根据1396

图3 巴登黑森林地区的弗劳恩阿尔布修道院遗址。

年以来的修道院规定,最高准则即"所有事物的根本是服从",女修道院院长行使"所有强制与放逐的权力,发布宗教戒律与禁令,举行忏悔恶行的仪式",即便是村长,也必须按照她的指令被关押,戴上脚镣或脖铐。

村民必须缴纳赋税和服劳役,即必须以实物和货币形式交土地税以及其他税,还要参加义务劳动,因此,村长肩负重担。

几个世纪以来,隐蔽于森林深处的修道院命运多舛。这座罗马风格的修道院建于12世纪中叶,1403年在巴登边疆伯爵伯恩哈德与普法尔茨选帝侯和波希米亚国王鲁普雷希特之间的争斗中无故被烧毁。这个地方及其周围发生过许多离奇的、遭仇恨破坏的事情，首当其冲的就是我们的上帝、修道院和神职人员，这是对神的大不敬。修道院后来以哥特式风格被重建，但1508年再次被烧毁，其修道室、寝室、餐室，直到教堂及教会医院的一切设施，都因一位修女的粗心大意而被付之一炬。

如今展现在我们面前的这座修道院出自奥地利福拉尔贝格州两位杰出的巴洛克大师之手，其中一位是弗朗茨·贝尔，他于1697年重建了被烧毁的熙笃会萨朗修道院；另一位是他的女婿彼得·图姆，他于1697年在博登湖畔的比尔瑙建造了光照充沛的朝圣教堂。贝尔于1704年完成了弗劳恩阿尔布修道院的主体建筑，图姆于1733年完成了教堂和修道院的第三个侧翼的修建。

1803年，修道院地区世俗化，换言之，修道院地区成为世俗国家的一部分。从那时起，这座巴洛克风格的建筑就开始饱受风化和侵蚀，逐渐坍塌。

曾经在宁静孤寂的森林中响起的晨祷与晚祷钟声消失了，高耸的塔尖不见了，屋顶和屋顶下受庇佑的一切也不复存在了。

曾经，贵族修女们穿着黑色的本笃会长袍在这里进进出出，庄严虔诚地唱诵着曙光赞和黄昏赞；如今，只剩没有屋顶的残垣断壁矗立在那里。废墟四周爬满了浓密的常春藤，曾经供奉上帝的厅堂，如今灌木丛生。塔楼上甚至长出一棵棵枞树和桦树，成为没落荣耀的最后守护者。在我还是个孩子的时候，我多少次漫步在这个曾经的宗教权力中心，与修道院残破墙壁上的红砂岩进行惬意的对话。这些修道院的断壁残垣一定是在我幼小的心灵上打下了深深的烙印，否则，我后来就不会老想着买下女修道院院长的避暑别墅。然而，在参观过程中，当历史的气息让我觉得有一种扑鼻而来的腐烂发霉的味道时，我还是放弃了追随女修道院院长的脚步。

文理中学的时光

文理中学其实应该用 Lyzeum 来表达，因为那个时候就是如此，而不是现在的 Gymnasium。这所学校建在卡尔斯鲁厄的新教教堂旁边。约翰·彼得·黑贝尔谁人不知，哪个不晓？他不仅仅是一位伟大的阿雷曼方言诗人，还是 19 世纪初期这所卡尔斯鲁厄文理中学的校长。半个世纪前，就在这些教室里，他的思想像海燕般在风中飞翔，我们用各种音调和音高唱着"*amo*（我爱）！ *amas*（你爱）！ *amat*（他爱）！"我对中学时代的回忆充满了欢乐。我不是坏学生，从不逃避严肃的学习。我这一生只认识一种人生的指南针，那就是责任，责任指引我前行的方向。我特别喜欢课上的"竞争"游戏，它让容纳 80 多个中学生的教室里气氛活跃起来。因为每节课，学生们都要通过"竞争"游戏边走边抢占座位，而在教室里下达和执行漫游抢座口令都比实际的严肃学习要耗费更多的时间。

把班里的第一名挤下高位是一门艺术，从长远来看，没人能做到。只有那么一次，我体验到了短暂的快乐。事情是这样的：有一天，数学老师让我们口算一道数学题。因为班里的数学尖子们都没有我算得快，我便拔得头筹。假如每节课都是数学课，那么我可能会思忖着准备好成为班里的特优生，并且高居不下，生根开花。但是，数学课之后是拉丁语课。那位老古董教授一走进课堂，就表扬了我："嘿，本茨，得了个第一名？"这时，大家七嘴八舌地喊道："是的，在数学课上。""这么说，你是个数学高手喽？那么请你告诉我，序数词'第60万个'用拉丁语怎么表达？"这个问题真是好问不好答，但人都有运气好的时候。坐在我身后的留级生就是我的幸运之神。他扮演了圣灵的角色，仿佛用无线电话把自己掌握的老掉牙、无处用的拉丁语传给坐在前面的我。就这样，我那骁将般的荣耀又维持了一天。

我所钟爱的科目是物理和化学。这肯定是因为物理老师曾经在一个美好之日把我像骑士一样晋封为他的"助手"。我兴致盎然，牺牲了每个周三下午的自由时间，在"毒屋"里为周六11—12点的物理课准备实验器材。

就这样，我从一个年级到下一个年级，取得了令人欣喜的进步，对古老世界的创造杰作的认知也越来越深入和成熟。但是，如果有机会观察这个在宁静空闲时的中学生，就会发现学校里的教学内容并不需要他付出全部力量去完成。他爱荷马史诗中的太阳神，他也爱当下的太阳，而且比自己所知道的还要热爱，在它的照耀下，自然科学与技术绽放出勃勃生机。

我再次拿起了那个老透镜，去寻找记忆中的图景。这一次，我不仅仅看到了艰苦奋斗的英雄母亲的形象。这一次，记忆焦点中还出现了一个男孩，他的眼中充满疑问。他的腋下夹着一摞书。他刚放学，在匆忙地赶路，着急忙慌的。他甚至没时间吃午饭，就从妈妈身旁跑开了。他飞速跑到楼上，而其他孩子平时都是飞速跑到楼下去玩耍。他又有什么疯狂的想法了？事情原来是这样的。

今天，人们高声称颂职业学校、手工课程、学生实践课、实验课程是现代教育的最新成就，这个年少的中学生实际上都曾经实践过，而且是在上课时间以外，完全凭借自己对研究和发明方面正确的直觉去付诸实践的。

他有一间实验小屋。只要他走进屋里，关上门，他就顿觉自己是大人物，一位非常了不起的大人物。他独立研究和思考，独立观察和寻找，学会用自己的眼睛去看，用自己的双手去造，他觉得这样真好！他既高兴又自豪！他被科学家的幸福魔力包围，被温暖的魔力之手紧紧抱住。

图 4 实验室里的场景。

看！那里还有玻璃试管、烧瓶、铁丝网、酒精灯，以及这位年轻化学家做实验用的各种化学药剂。看！墙上还挂着他的彩色帽子，上面缀满了特别的斑斑点点。帽子上这个化学标记来自一次氢气实验。由于点火过早，氢气，或说氢氧根气体发生了剧烈爆炸，盐酸飞溅到挂在墙壁的帽子上。第二天，这些褐色的酸渍可没为这位"炼金术士"带来什么赞誉。"哈，那个本茨，那个本茨，"他们起哄着讽刺道，"他肯定是第二次发明火药了！"

实验室里的所有物件，从试剂瓶到可以用来制造各种光学仪器和设备的昂贵的好透镜，都是要花钱的，而且对于我们当时的情况来说可是一大笔钱。在相同的家庭条件下，可能很少有母亲能像我的母亲那样给予同样的理解。因此，读者们应该能够理解，为什么即使我已年迈，仍然像守护尼伯龙根的宝藏一样，心怀感激地守护着我的透镜。它们不仅是我首次独立从事创造的第一见证者，还有更多的意义，就是对我那老实做人、踏实生活的母亲最真挚的纪念，她以善意的理解和豁达的牺牲精神支持着儿子——一个砥砺前行的自然科学家，满足着他一个又一个的预算请求。

如果想描述所有我做过的物理化学实验，三天三夜也说不完。我的最高目标不是课堂上学到的书本知识，而是自己通过实践总结出来的经验知识。我认为，通过实践来寻找解决问题的办法，才是自然科学最崇高的教育价值。我仅举两个例子，就能说明创造性实践如何成为个人主动性和进取精神的源泉。

我曾经拥有一台暗箱照相机。最初我只用它来拍摄自然物体和自然现象。假期里，我经常带着照相机出游，去我祖辈的故乡，在那里，黑森林冷杉沙沙作响，我像专业摄影师一样热情洋溢地拍下一张张照片。森林与山岩，大树与灌木，房屋与庭院，都被我这个来自卡尔斯鲁厄的带着相机的猎人捕捉下来。

很快，我又对拍摄人物产生兴趣。为黑森林的农民拍照是我最大的享受，当然，我是有报酬的。我的很多得意之作是人物肖像，直到今天还能拿出来展示。鉴于当时那种复杂的冲洗流程，这些照片绝不能说是我对这门年轻艺术的糟糕尝试。要想为这门艺术设定一个合理的评判标准，就必须考虑到那时摄影刚刚兴起，必要的辅助器材很难买到，只能自己制作。因此，那时候还没有业余摄影师这个群体，摄影只能由专业人士来做。

遗憾的是，我有时也不得不给人拍摄一些令人产生不适感的照片。比如，有人长了甲状腺瘤，我说这在照片上看不出来，我赌只有千分之一的可能性看得出来，结果，洗出来的照片上甲状腺瘤是看得出来的。据我所知，被拍者从来没对这些清晰逼真的照片有过反感。但是几十年以后，我给人展示我的相册，有评论者却说，这照相的小伙子真有点儿恶作剧的本事。当时，我是不是故意恶作剧捉弄人，无聊得把这个小瘤定格在照片上，我实在无法回忆起来了。可以说，我人生中的第一笔钱是我做摄影师以及修表匠挣来的。作为修表匠，不管什么钟表，不管它们是小毛病还是大毛病，我都能让它们重新动起来。

我说不清自己对钟表的热爱从何而来，肯定是天生就有这个基因。因为我最喜欢的是带有彩绘罗马数字表盘的黑森林布谷鸟钟，所以不排除我的某位曾外祖母出身于黑森林钟表匠之家的可能性。就连我父亲的身体里，也流淌着些许他的钟表匠祖先的血液。不然的话，他死后就不会给我留下五块怀表。五块怀表啊！对于一个求知欲旺盛的小手工爱好者来说，这份遗产比骑士封地还要让人难以抗拒。这些怀表让我学到了齿轮交错转动时的美妙语言。只可惜，在我听着它们嘀嘀嗒嗒的声音、琢磨其中奥妙的日子里，有一两块怀表不再嘀嗒作响：它们停了。关于我的钟表情结，有句俗话说得好："旧情难忘。"即使到了晚年，我也非常敬重钟表，在我家里的每一间屋子，都必须至少有一块钟表在嘀嗒作响。为了让它们精准地履行职责，多年来，我就像被一股磁力吸引一样，每隔几周就会去一次火车站，为我家里的"报时员们"对时。妻子对于我"雷打不动为钟表对时"流露出毫不掩饰的笑意，但丝毫没有影响我对钟表的喜好。

等一下！我有些超前了，怎么讲起很久以后的事了呢。现在，我们还是说回中学时期。那时候，我这个小修表匠走遍了黑森林，用自己的手艺帮了很多熟人。

农民们对这个来自大城市卡尔斯鲁厄的"心灵手巧的中学生"惊叹不已。然而，无论中学的专业课老师，还是黑森林的忠实顾客，没人知道这个爱做实验、爱拍照、爱修表的中学生日后会成为什么样的人。

最高的目标

在我的坚持下,母亲最终还是妥协了。17岁那年,母亲允许我从文理中学升入理工大学,那时候还叫综合技术学校。

现在,一个崭新的世界展现在我的面前,这个光明美丽的世界承载着我年少时恬静的希望和梦想。这是一个春意盎然的世界!上帝啊!这世界仿佛万物都在萌动和发芽,奋力向上成长,开花结果!一轮太阳正炽热地照耀着这一切,那是对渴望已久的学习的热情。学习如何做草案、设计、分类和整合,让人欣喜若狂,乐在其中。

1863年4月16日,机械工程学的奠基者,费迪南德·雷腾巴赫教授逝世。学生们陪他走到最后的安息之地。当时的情景我至今记忆犹新,因为我也是为这位受人尊敬的老师抬棺的学生之一。

雷腾巴赫教授不仅是一位杰出学者和著名作家,更是一位天赋异禀的老师。在他的课堂上，你仿佛能听到机器转动的声音。他似乎拥有为他的机械装置赋予戏剧般生命的艺术，他的课总是热情洋溢，鼓舞人心。他就像一块磁铁，极具吸引力。听他课的人不仅有来自德国各地的青年；为了旁听这位大师的课程，还有年轻人从瑞典、奥地利、英国和美国远道而来。在蒸汽机的文明力量与内燃机的文明力量并驾齐驱的时代，雷腾巴赫教授却坚信内燃机必将取代蒸汽机，并尝试探索未来，这就显得格外引人瞩目。然而，他还没有具体想法，得先"创造资本"，这可需要一些时间。1856年12月25日，他写道："另外，我必须承认，我对驾驶蒸汽火车以及蒸汽火车本身早已不感兴趣。问题不在于内燃机可以节省百分之几的燃料，而在于蒸汽机已然没有反复研究的价值了。我认为从现在开始，更值得去做的是尽力思索有关热能的问题，终结蒸汽机车时代，只要搞清楚热能的本质和作用，蒸汽机时代的终结就有望在不远的将来实现。当然，要先'创造资本'，只有如此，利用空气或高热蒸汽，无论带或不带换热器，靠热能驱动的内燃机才能实现人们所希冀的效果，重点是，只有资金充足、研究有效，内燃机才能得到人们一定程度的接受。但是，这一切都要在人们彻底弄清事物的内在本质之后，才能明白。"

雷腾巴赫教授的过世让我非常痛惜。弗朗茨·格拉斯霍夫作为他的接班人，很擅长利用自己熟练掌握的数学和严谨的科学优势来解决技术上的实际问题。当然，格拉斯霍夫并不能在所有方面都代替雷腾巴赫。雷腾巴赫的强项在于机械工程设计的实用性。相反，格拉斯霍夫则是位不折不扣的理论家。他的教学方法清晰准确，字斟句酌，属于那种讲出的话无须修改就可以直接付印的类型。但他几乎不绘图，为了更为形象，最多只画几个线条。对于那些能力一般的学生来说，他的课还是太抽象了。只有那些受过必要的基础教育、天赋较高的学生，才能跟得上格拉斯霍夫那严谨科学的发展进程和求解过程，理解他的高度，才能有丰富的收获。他向这些听课的技师提出了很高的专业要求，要求他们能应对当前以及未来的任务。他的话再清楚不过了："学校不能亦步亦趋，落后于实际需求，而是要尽可能超前。学校所提供的科学教育不仅仅要满足当前发展阶段的技术要求，而且要满足直到他们培养出来的技师步入暮年退出职业舞台时的要求。"

对我来说，这已经足够了。因此，我至今仍然怀着感激和钦佩的心情回忆这两位优秀的老师，是他们把攀登科学高峰的登山杖交到了年轻学生的手中。

在文理中学，我觉得缺什么，就主动用自己的钱来置

图 5　大学时代的卡尔·本茨。

办、补充。在综合技术学校,却什么都不缺:实验室和工坊,一应俱全。

工坊需要可靠、经验丰富的师傅来统筹和指导。学习机械工程专业的我不仅花时间了解荷马和西塞罗,同样,我也以钦佩的目光仰望那些从事手工劳动的普通人。"尤其敬重手工劳动和工匠精神",这一直都是我的座右铭。就这样,我们师徒二人很快就成了好朋友。这位新来的老师对教学方法和启发式教学虽一窍不通,但他知道如何激发徒弟们对专业的热情,让这热情的火焰烧向每一扇心灵之窗。师傅为此在规定的上课时间之外也在工坊里拆拆装装,做着手工,一待就是几个小时。这位能力过人的师傅总是不厌其烦地为新的设计和创作提供灵感和动力。

因此,这些工坊实践教学不仅是对理论课的有益补充,同时也相当于完成了如今工程师专业课程所要求的一年工厂实践任务。然而,我决不满足于此。

"年轻时,我也曾对生活充满新鲜感,在心里勇敢地为自己设定了最高的目标。"[1] 我要造一辆车,这辆车要像父亲的火车那样,不用马拉,当然,也无需轨道,而是一辆可以在公路上由人自己驾驶的车!

我觉得,我必须深入钻研,才能实现我的明日大计与希望。因此,四年大学毕业后,我又开始了学徒身份的游学生活。

---

[1] 这是当时德国大学生爱唱的一首歌曲《我也曾对生活充满新鲜感》(Frisch blickt' auch ich)中的一句歌词。——译者注

学徒漫游期

漫游啊，漫游，你是少年对自由的向往！

漫游，多么响亮又动听的一个词，其中蕴藏了多少音韵！如果我是孤身一人的话，现在我就会打点好行囊，作为漫游学徒行走世界，就像一块浮木在生命激流中漂荡。在工商生活中拔地而起的、高耸的烟囱之林中，在工业中心机器竞相轰鸣、噪声四起的环境中，我会停下脚步，就像徒步旅行者驻留于希望之地，在温暖的阳光下逗留小憩。

然而，我并不是孤身一人，我还有母亲。对母亲的依恋使我萌生了一个想法，那就是我可以兼顾家乡与异地，先在自己的家乡寻求在异地才能获得的实践体验。

在我的成长过程中，由于手工实践水平远低于头脑中掌握的理论知识，而且在实践能力方面我又想做到能够应付自如，于是我把自己当作钳工和车床工，与其他普通工人一起工作。我清楚地告诉自己："为了满足未来时代的所有要求，为了创造卓越价值，必须从底层，从最基础的事情做起。"

因此，在我从文理中学毕业，又在大学学习了专业知识后，出于对机车的喜爱，我进入一家机车工厂——卡尔斯鲁厄机械制造厂工作。那儿的活又苦又累，无论冬夏，工作从早6点开始直到晚7点结束，只有一个小时午休时间。一天劳作之后，胳膊和手累得酸痛不说，眼睛也因为工厂车间里昏暗的照明而异常疲劳。在这里，当我在昏暗的灯光下钻孔打磨，一连工作12个小时的时候，我才真正领教了"学徒时代可不是养尊处优享受的时代"这句话最严酷的一面。

尽管如此，我在工作之余仍然继续努力深造，学习理论知识。最让我快乐的想法是把机车开到公路上，这个念头赋予了我内在的活力。我想解放机车于强制运动中，它不应当再被僵硬的轨道束缚，它应该成为所有道路的主导，通向四面八方，向左向右，向前向后，总之，它应该能主导整个空间。"无轨"，这是大学时指导我探索发明的主导思想。突然间，我的一些想法逐渐有了更具体的形式，于是初稿形成，那是我的第一张草图，新型无轨车辆的设计已然细致入微。这位年轻的"发明家"尚不知道，在他心里酝酿并呈现于纸上的东西，早在他之前，英国和法国就有了实际的形态和样式；也就是说，在他之前，公路机车早已成形。本茨的车始终只是纸上谈兵，因为实现它所需的一切实际条件——钱、时间和机会，他都没有。这位机车爱好者在两年半的时间里，坚持实践他不可动摇的理想，忠于康德的道德哲学信条。手上虽布满油垢和老茧，心中却充满了对未来的大胆计划。

通过实践，我熟悉了机车制造的整个流程。现在，我想更进一步，继续深化我对工厂和办公室的实际经验。因此，1867年我离开了卡尔斯鲁厄，去了曼海姆。在这里，我把锉刀和钻头又换成了标尺和圆规。在约翰·施魏策尔前辈的技术室里，我设计了起重机、车辆、离心机等。尽管我们当时制造的起重机有那么点儿意思了，但有一点它还无法做到，那就是撬动我无马汽车的理想，推走它，让我忘记它。我的头脑里和绘图板上形成了各种各样的设计，但始终都只停留在草图上。

然而，当时我已实现无马出行，骑的是那种老式单车，我就是单车上技艺高超的骑手。

骑着吱嘎作响的老式单车

这个技艺高超的骑手仍清楚地呈现在我眼前。看看！他过来了，老老少少都睁大眼睛，惊叹着，他气喘吁吁地坐在一辆无马车上。那就是第一辆发动机驱动的机动车吗？哦，不是！应该说是发动机和吱嘎作响的老式单车，发动机由他自己充当，这个角色对他来说有些辛酸和艰难，本茨额头上的汗珠直往下掉，然而，他不得不如此，因为他的"无马车"无非就是一辆前轮装有踏板[1]的两轮单车，仿照最原始的双轮车[2]。

我的两轮车创意又从何而来呢？

---

1 发明者为来自施韦因富特的菲利普·菲舍尔。——原书注
2 即卡尔·冯·德莱斯发明的古老的靠双腿踢地提供动力的两轮"跑步机器"。1817年，巴登林务官卡尔·冯·德莱斯在曼海姆为他的发明申请了专利。然而，被嘲笑、被讥讽、被遗忘就是他作为发明家的命运。直到几个世纪后，自行车以Bicycle和Veloziped的名称从国外传回德国，他的发明才得到尊重和赞赏，并被普遍推广。——原书注

那是1867年的一天，我的朋友瓦尔特来找我，他是一家印刷厂的老板。他刚从斯图加特旅行归来。在那里，他看见了一辆速度极快的漂亮的两轮车，心情久久不能平静，因为他的腿脚不好，这辆车可以省去很多脚力，所以直到把车弄到手他才罢休。然而，买回来容易，把这沉重的机器开上路可就没那么容易了。他尝试了一次又一次，几乎每一次都因失控而飞了出去。他对这种特别的运动真是受够了，因此，四处寻找新的买家。因为他知道我满脑子"奇思妙想"，所以肯定预感到了我会喜欢他的车。我仔细打量了这个奇怪的东西，立即就被迷住了。然而，这辆车除了也有两个轮子之外，与现代自行车没有任何共同之处。它的轮子是木制的，有铁制轮组。车座以很原始的方式装在前后两轮之间一根拉长的弹簧上。稍大于后轮、直径约80厘米的前轮由直接固定在其上的脚踏板驱动。

经过短短两个星期的努力，我已经能够驾驭这辆车，我的朋友瓦尔特却没能做到。要在曼海姆崎岖颠簸的石子路上保持平衡，可不是件简单的事。但是，这匹蹦蹦跳跳的野马必须听话。是的，我甚至让它按照我的要求不止一次地完成那些想都不敢想的任务，比如异地长途旅行（从曼海姆到普福尔茨海姆）。

我这辈子，有好餐馆是一定不会错过的。每当我在路上看到好餐馆，停下来吃点东西，把我这辆沉重的两轮车停靠在饭馆墙角时，总会有很多老老少少的好奇之人聚集过来，围观这架矮胖笨拙的"机器"。他们不知道是该嘲讽这辆主要由木材制成，有铁制轮组，还有一个减震功能不足的鞍座的沉重车子，还是该赞赏这位骑手能在两个轮子上掌握平衡。

对于这一切，这位骑手都不屑一顾。他骄傲地蹬上踏板，扬长而去，眼中闪烁着燃于心中的火焰，那是他对于车辆实现自动而非人力驱动的热情之火。

如今，在这个小孩子仿佛生来就会骑自行车的时代，人们可能很难理解，第一位在曼海姆街道上骑自行车的人，得经历多少讽刺、挖苦和嘲笑，就像冯·德莱斯的"跑步机器"曾经被嘲笑一样。终有一天，即便人们依然怀有热情，这个沉重的木头怪物还是躲不过被丢进废物堆的命运。它那铁制轮组生了锈，木制轮圈也在岁月摧残下缺了轮齿，成了废品。然而，从未被丢入废物堆里的，从未生锈和散架的，是那个"无马车"的想法。恰恰相反，因为无所不在的探究本能，现在，这个想法萦绕不去，让我日夜不得平静。现在，我清楚了两件事。在这些失败的尝试之后，这两件事就像有震慑作用的路标一样树立在我研究生涯的道路上。

图6　25岁的卡尔·本茨。

第一，我理想中的车不能只有两个轮子，这太少了，它在舒适度方面应该可以与优雅的马车媲美。

第二，无论如何，机械力要取代人力，而如何实现这一点，正是我今后要专注的问题。

曼海姆位于莱茵河与内卡河交汇处，它日益发展的工业和繁荣的贸易必然给我留下深刻且持久的印象。然而，直到两年后离开这座城市时，我才真正意识到这一点。

为了积累桥梁建造方面的经验，我加入了本基泽尔兄弟位于普福尔茨海姆的公司。在那里，我不仅学到了桥梁建造知识，还邂逅了爱情。我的爱人年轻又漂亮。

后来，她成了我一生的幸福。她为我在创造发明方面的奋斗和成功一次又一次地注入新的活力，就像第二推动力那般助我克服阻力。这个热情活泼的普福尔茨海姆姑娘名叫贝尔塔·林格（Berta Ringer），她从那时起便走进我思想和兴趣的世界，成为我的伙伴，给我建议，助我决策。

自己的家和工坊

在黑森林小镇普福尔茨海姆的日子如此美好又舒适惬意，但是两年后，对于技术的兴趣又把我带回曼海姆。这个城市的工业正在觉醒，由此产生的活力令我十分着迷。在这里，我开始了自己的冒险之路，满怀希望，意志坚定。我探究自己事业的根基，做到了然于心，这给了我超越自我、超越事业的勇气。我想寻找新的道路，改弦更张。于是在1871年，我用部分地是我自己攒下的一小笔钱创立了一家机械加工厂，为自己的事业打下了基础。这个机械工坊成了具有向上发展趋势的工业与文明曲线图的原点。尽管当时我尚不知晓这条曲线的走向，但向上发展的趋势我感觉到了，因为我相信从根基做起的神奇力量。现在，我觉得自己已经学到了很多理论知识，积累了实践经验，能够自己站在前沿，把握前进的方向，掌握自己的命运。

加工厂从根本做起，虽简朴且规模不大，但业务已开始扎根。由于我在曼海姆还属于外乡人,在商业领域要想站稳脚跟,并不容易。

1872年,我结婚了。一位理想主义者来到我的身边,支持我,她知道她想要什么:从狭隘的小天地走向广阔明亮的大世界。曾经的计划和梦想,现在必须插上翅膀,付诸行动,翱翔起来。所有的信念与希望,所有的奋斗与努力,以及所有的成就与圆满,现在都变成了我们二人炙热的共同经历。

突然,它——新路的开拓者站到我们面前,指向未来,许下幸福的承诺,它就是燃气发动机(Gasmotor)。我坚信,燃气发动机注定会成为蒸汽机的强劲竞争者,并在为机器和车辆提供动力方面发挥最大的作用。

当时,燃气发动机还很不完善,存在各种各样的问题。就拿法国人勒努瓦于1860年发明的一款煤气发动机来说,作为首创,它拥有值得称赞的特征,在发挥好的情况下,可以疯狂运转整整10分钟,但它燃料用量极大,润滑油消耗量也很大,因此人们戏称它为"旋转的油团"。勒努瓦模仿带滑阀控制的蒸汽机,设计制造了这款煤气发动机,该发动机用煤气和空气的混合气体取代往复式蒸汽机所用的蒸汽。点火后,混合气体的压力达到5个或6个大气压,推动活塞向外及向内运动。还有,奥托和

图7 曼海姆T6城区的工坊。本茨的第一台二冲程发动机和第一辆机车就是在这里制造的。

朗根的气压煤气发动机模仿了气压蒸汽机,也没有什么发展潜力。不过,新出现的四冲程内燃机在当时获得了专利保护。

最美好的新年夜

因此,我别无选择,只能自己碰运气,去探寻一个好的解决办法。我全身心投入二冲程工艺,运气不错,但是这个运气并非空穴来风,也不是歪打正着,而是孜孜不倦、有条不紊、目标明确的工作最终让钟摆摆动起来,带来了好运。但是,想要在实验的基础上搞研究,是需要钱的。

那年的新年夜,让我至今记忆犹新。在旷日持久的实验中,我们把最后 10 芬尼都花在了二冲程实验性发动机上。我们担心的事还是发生了。无论我们"启动"发动机多少次,我们的殷切希望和期待都被"启动不动"击得粉碎。

晚饭后,妻子说:"我们还是得去一下工坊,再碰碰运气。我的内心仿佛被什么吸引着,让我无法平静下来。"

于是,我们再次来到机器前,它就像一个难以解开的巨大谜团。怀着激动的心情,我将它启动。

嗒，嗒，嗒！机器回应了。在优美而有规律的节奏中，我听到了梦想中的节拍一下接着一下。我们静静地、沉醉地听着这单声曲调，就这样，一个多小时过去了。世界上任何魔笛都无法做到的事情，二冲程发动机做到了。它唱得越久，就越能魔幻般地驱散我压抑在内心的忧虑。的确如此！去的时候我们担着心，回来的时候喜从天降。在这个新年之夜，我们不需要全世界的祝贺，因为我们在这间寒酸的小工坊里已经亲眼看到并切身感受到了幸福。那天晚上，我们的小工坊成了新式发动机的诞生地。

之后，我们又在院子里站了好一会儿，静静倾听着，那声音在寂静的夜里充满希冀地继续震动着：嗒，嗒，嗒！

突然，钟声响起，这是迎接新年的钟声！对我们来说，响起的不仅仅是新年的钟声，也是一个新时代的钟声，一个由发动机激发的新脉动时代。

阻　力

在技术的铁砧上要想完成大件，就必须重锤敲打。不管存在什么样的财务困难或是商业上的阻力，都必须克服，时代的观点必须锻打重塑。如此一来，新的形式才能出现，才能以不屈不挠的创造力成长起来。

我就是这样成长的。

当时，全世界都不知道内燃式发动机的巨大前景。恰恰相反！知识越渊博、头脑越聪明的人，就越青睐蒸汽机，蔑视煤气机。即便在我的曼海姆朋友圈里，也没有人愿意通过"投资一笔钱"来证明他们对煤气发动机的信心。

后来有一天，宫廷摄影师比勒来找我。他已经问过很多城市的很多工厂和工坊，希望能为一种矸光机找到高度抛光的钢板，但他一无所获。

在别人那里，比勒没有找到自己想要的，在我这里，却没有太多困难。我提供给他几块钢板，完美地满足了他的需求。通过这些接触，他建立起对我的信任，并开始对我的新生产创意——煤气发动机产生兴趣。他笃信煤气机的光明前途，并表示愿意以股东身份投入少量资金，以此对我的创意进行开发。从此，我才能后顾无忧地进行生产。我首先制造了用于气泵的1马力二冲程发动机。这些二冲程发动机都安装了一个特殊的空气泵和一个特殊的煤气泵。汽油借助表面式化油器进行雾化，这种化油器当时已广为人知。煤气进气量由一个滑阀式配气装置控制。

之后不久，我制造了2马力和4马力的发动机。公司开始蒸蒸日上，员工从6人发展到40多人，因此公司需要扩大面积，迁址他处。外部力量不断加入，名叫"曼海姆煤气发动机厂"的股份公司应运而生。二冲程发动机或许是很好的商业跳板，但我志不在二冲程发动机上，而是无需人力的自动车辆。然而，恰恰在这个发明之梦的四周，各种障碍阻力纷至沓来。

我的业务伙伴都是坚定的现实政治[1]支持者，他们不理解我所追求的理想——由发动机驱动的汽车。那些业务伙伴是对的，本茨发动机可以赚钱，但是本茨的汽车不行，

1　19世纪德国的"铁血宰相"俾斯麦提出的政治主张，即一切应为国家利益服务。——译者注

投资在这上面的每一分钱都是损失。

这个理想默默无闻，却一直都在，我试图获得业务伙伴们的支持。对于造车的理想，我是认真的，我告诉他们，我们的业务蒸蒸日上，得到的答复却是："目前，不要搞噱头，不要做不切实际的幻想，不要追逐幻影！先让我们在固定式二冲程发动机上大赚一笔，这样，你为这一技术幻想的实验所投入的资金就不至于成为重大亏损。"

于是，满怀希望的乐观情绪以及对"发明"这一伟大理想充满阳光的坚定信念，与商业怀疑论和商业发展的悲观主义之间产生了一堵难以穿透的云墙。

尽管如此，当其他人下班离开时，我还是会像腓特烈大帝拿出心爱的长笛一样，吹奏充满希望的欢快曲调。绘图板上悄然出现的想法、设计和计划，无论如何，总有一天，会汇聚成一首响亮的、技巧性强的、和谐的序曲——机动车的序曲。

在这种情况下，我当然不愿再继续扮演"受气包"角色。我退出了公司，重新回到位于曼海姆 T6 城区的工坊。

新型二冲程发动机

起初,我只是孤身一人。我像一个无所畏惧、风雨无阻的领航员一样,在漆黑的夜色中为自己的生命之船掌舵,不屈不挠,毫不气馁,驶向我的理想灯塔。

在这艘生命之船渐渐驶向沉没的日子里,一直陪伴在我身边并和我一起坚守的,只有一个人。这个人就是我的妻子。在生活面临打击时,她没有害怕。她鼓足勇气,勇敢地扬起新的希望之帆。

功夫不负有心人!我们忧心忡忡地熬了几天之后,一位多年的老熟人——商人马克斯·罗斯先生来找我。他听说了我离职的消息。因为他财力雄厚,又很信任我,所以他建议跟我重新开展业务往来。我很受鼓舞,于是高兴地与他一起创建了奔驰汽车公司(以下简称"奔驰公司")曼海姆莱茵燃气发动机厂。

就这样,我在车辙里播下了一粒种子,日后,它会结出举世闻名的果实。

然而，即使建立了公司，我也不得不痛苦地去感受诗人所言的真谛："生命中纯粹的喜悦是世俗之人无法企及的。"罗斯先生对我可靠性良好的二冲程发动机十分着迷。不过，就我想象中的杰作而言，暂时还需要多些耐心。制造发动机驱动的汽车从一开始就被列入新公司的议程中，但没有写在首页，而是在第二页上。正如公司的名字"燃气发动机厂"所表达的那样，议程的首页上写道：制造本茨发动机作为固定式动力源。在扎扎实实的实际工作中创造出价值，使公司业务发展有了坚实的基础之后，大家才有了向未来飞跃的勇气，想要为"开拓进取"架起桥梁。于我而言，无他，只有一直向前。然而，没有人愿意相信我的"幻想"，这深深地刺痛了我的心。我觉得自己就像一只困于金色笼子里的鸟儿，双翅被捆绑着，只能仰望天空中飞翔的同伴。

实际上，被囚禁的感觉并非像我最初遭遇失败时那么苦闷。现在，我加倍努力，投入二冲程发动机的工作中，因为它是拯救我的法宝。

我首先尝试完善固定式发动机所使用的二冲程燃气发动机系统。我通过进一步完善点火装置（其运行原理将在后文的特别章节中详细描述），使这种二冲程发动机变得质量可靠，性能出色。很快，这款二冲程发动机便让"本茨"的名字享誉海内外。

1886年，卡尔斯鲁厄展览会的检测委员会宣布，在全速测试的所有机器中，在相同马力的情况下，本茨发动机每小时的气耗量最低。1888年，施勒特尔教授在慕尼黑内燃机与做功机械展览会上发表演讲。针对本茨发动机，他说："现在我们来看看本届展览会上最为引人注目的两款发动机，它们摒弃了传统的四冲程工艺，开辟了新的道路；我指的是由奔驰公司曼海姆莱茵燃气发动机厂展出的本茨发动机，以及来自英格兰的阿特金森发动机样机，它由施托尔堡-韦尔尼格罗德伯爵伊尔森堡工厂制造。"

我不想在这里深入讨论施勒特尔教授的专业术语，特别是他对"如何完善普通四冲程发动机"[1]的观点。我将借助图片简短地解释我的二冲程发动机的基本原理。

发动机的工作原理是什么？要想知道原理，我们要先了解它的工作方式。燃烧所需要的空气不再由特殊的气泵抽入和压缩，而是由主活塞（位于图8中的A和B之间）来完成。机器的运行原理可以通过如下解释得以轻松理解：

---

[1] 如果你对此特别感兴趣，请参阅 M. 施勒特尔：《慕尼黑内燃机与做功机械展览会上的发动机》，慕尼黑，1988年，第59~60页。——原书注

如果活塞从右向左移动，它就会通过阀门 a 吸入新鲜空气，并在向右返回时压缩空气。空气利用滑阀式配气装置穿过 b 进入压缩空气箱（图 8 用虚线将其勾勒出来）。然而，压缩空气箱中的超压只有 1/10 个大气压。抽气工作由其背面的活塞完成。

活塞前面则做如下工作：当活塞向左移动时，阀门 d 在阀门装置（一个与曲轴相连的旋转连杆）的控制下打开，不久之后，阀门 e 也打开，之所以会这样，是因为我把所有曾经引起故障的阀门都换成了相对容易控制的阀门。这样的话，气缸 A 中发生爆炸燃烧之后所产生的气体不仅被向左移动的活塞挤压到阀门 d 处从而得以排出，同时，压缩空气通过打开的阀门 e 从压缩空气箱中流入，将燃烧气体冲出。除了活塞从右向左移动约半个冲程所产生的少量残留气体外，气缸 A 中没有燃烧气体，此时阀门控制装置关闭 e 和 d 两个阀门，在此之前，阀门装置要打开阀门 c，位于主气缸下方的气泵 C 通过阀门 c 将所需的新鲜气体注入气缸 A。由于活塞从右向左运动时已经开始压缩气缸 A 中的空气，因此有必要在超压状态下将新的气体（根据不同情况，可以使用照明煤气、电石燃气、石油醚气体或者汽油气体）压入气缸 A 中。气泵 C 由控制装置操控，在主活塞即将完成冲程时注入新气体。

当时的关键问题是快速、无误地点燃被压缩的燃料空气混合物，以令其做功。连接在小型发电机上的感应线圈能够产生高压电流，足以使两个探入气缸 A 中的铂金火花塞之间产生电弧火花。燃料空气混合物随之可被点燃并发生爆炸，继而驱动活塞从左向右做功。做功冲程依此模式左右循环往复。概言之，活塞每完成两次冲程，发动机产生一次驱动力。

固定式二冲程发动机名声大震，当时这款发动机的生产持续不停，销售火爆，因此，我无须投入更多的耐心去操心业务。仅仅过了一年，我便得以继续研究我的发明——机动车。

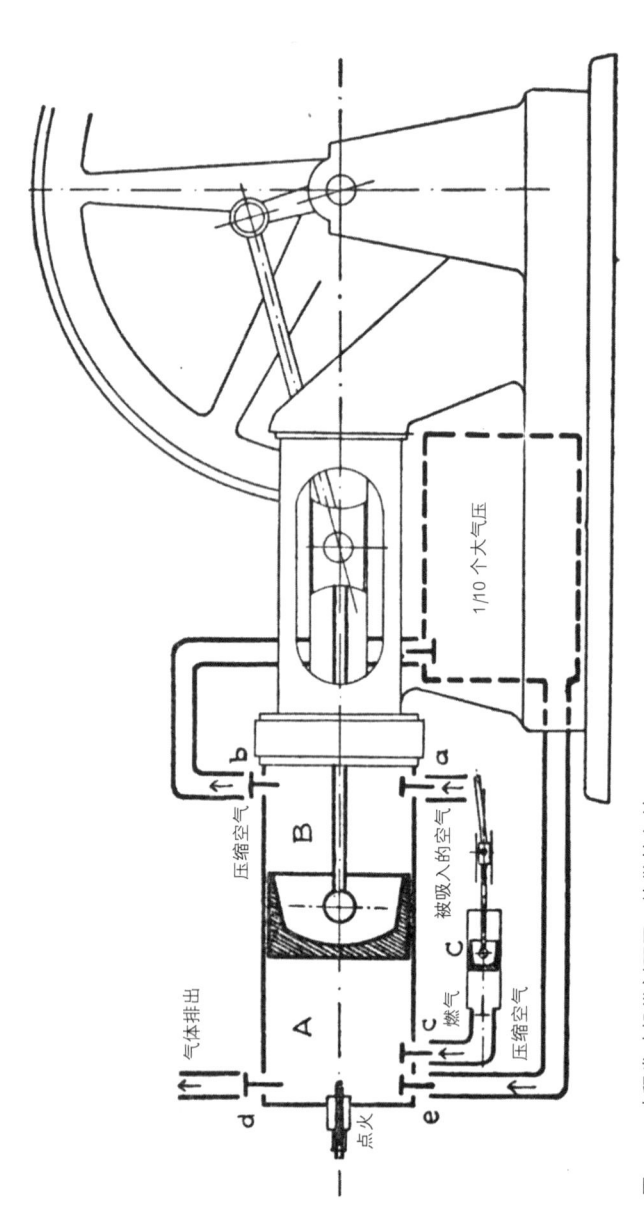

图 8 二冲程发动机纵剖面图,施勒特尔绘。

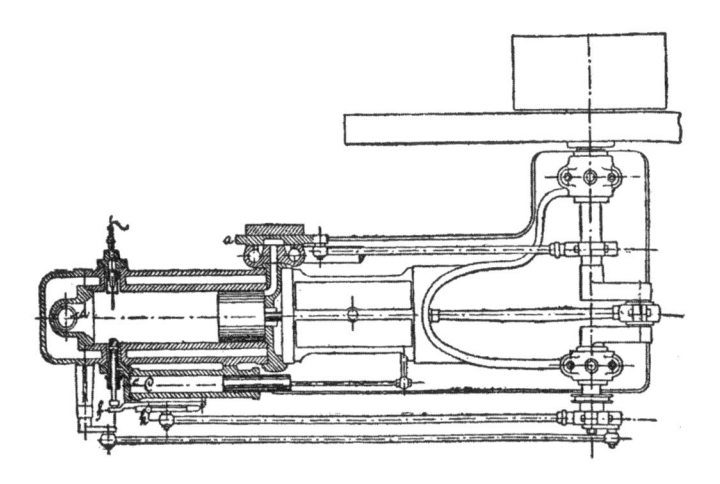

图9 二冲程发动机横截面图,施勒特尔绘。

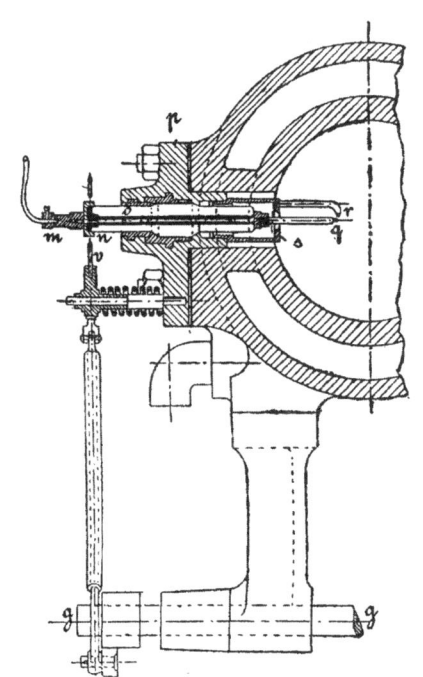

图10 二冲程发动机的点火装置,施勒特尔绘。

绘图板上的草图变成可以开动的汽车

根据计算设计零部件时遭遇不可预见的困难

我期盼已久的时刻终于到来了。历经无数不眠之夜,冥思苦想,在绘图板上设计,计算,我在各种阻力与苦难中寻找解释,现在该付诸实践了,它要成长,被塑造成完美的固定形式。现在,所有的理论计划都要进入实践阶段,草图上的设计终将变成可以驾驶的汽车。秉持必定成功的信念,我满怀喜悦地开始了这项伟大的工作。

图纸上那辆由发动机驱动的汽车已蓄势待发。文件夹里装满了图纸,每个齿轮、每个螺丝、铰链和皮带轮都跃然纸上,零件无论多小,其设计及制造方式都无不是经过深思熟虑的。尽管如此,在后来的实践中,有些部件与设计者从计算角度出发的预期还是大相径庭。有些零部件很执拗,不愿适应整体,在实际情况中的表现与理论预期完全不同。困难接踵而至。然而，没有什么困难能够阻挡我克服障碍的决心。正好相反！阻力越大，克服它的愿望和行动力就越强。正是在这样的逆境中我才意识到，这么多年来，我在钳工和车工岗位上顽强地坚持下来是多么正确的一件事。我手上的老茧成了实干家的荣誉勋章。困难出现的时候，我既要有实操工人的经验，也要有技术专家的研究精神，这样才能克服障碍，才能驱除人们对即将问世的汽车投来的所有情绪和恶意。在其中，实操者往往不自觉地向理论家俯首称臣，实际上，相反的做法才是恰当的。

在这里，我想举例说明理论上的思考对构造的影响有多大。精心查看过现代汽车底盘的人都知道，发动机的飞轮是纵置的。我为自己第一批汽车的发动机装配的却是横置飞轮。可能有人会笑，有人会摇头，我之所以这么做，都是基于惯性定律。我担心受惯性影响，在垂直面上旋转的沉重飞轮会使行驶中的汽车难以转向，因为根据惯性定律，旋转的飞轮只有在相当大的扭力作用下才能脱离其运动平面，这样就加大了转向难度。

像这样的例子还有很多。尽管理论家总是目标明确，并自信满满地认为自己下笔如有神，计算精准，但最后结果如何，还要由实践来一锤定音。某些地方时而出现的问题只能通过不断积累的经验来解决。渐渐地，我的工作从一开始就有了一定的"经验因素",这些经验是通过践行计算和构建的零部件逐步积累而得的。经验总会帮助我们找出一些干扰因素,这时我们就要逐步减少和去除这些干扰因素。面对这些不可预测的干扰因素,肯定会有无数人被吓得知难而退,最后怅然若失地将未完成的"破车"扔到旁边的角落。

这可吓不倒我,我认为这"恰逢其时"。我迎难而上,一次又一次地去追寻理论上看似不可逾越的"经验系数"。如今,只有少数人能体会到我发明过程中的痛苦,每一个零件的诞生都要耗费我巨大的精力。

如今,现代汽车实际上只是按照一定的示意图进行组装,化油器、点火器、散热器、齿轮、车轴等各部件均由专业工厂提供。然而,对我来说,设计一辆汽车需要解决一系列问题,而每一个问题本身都涉及一系列深远的思考。如果其中一个问题不能解决,汽车就不可能具备上路条件并投入使用,因为最终的整体结果直接取决于每个问题的解决情况。

从设计研发阶段到生产出能行驶的汽车,从产生构想到实现构想,这期间确实存在很多相互影响的困难。

现在,思考变成了实际需要战胜的困难。现在必须展示一下,综合能力和所有知识之间的内在张力能否经受住考验，能否将思想、构图和计算方面的发明理念变成空间和实体，能否将我的想法予以实现，赋予生命。幸运的是，它成功经受了考验，这一成功比所能预感的令人感到诱惑的秘密来得更快。

发明轻便高速发动机的必要性

整个造车任务的重点在于制造一台可以运行的发动机。这台新型发动机要能够击败以往所有车辆的驱动方式，包括人、动物，以及蒸汽机。多年来，我一直清楚地知道，它必须具备哪些主要性能。

第一，要轻巧，要比当时已知的固定式燃气发动机还要轻，因为后者即使在输出功率较低的情况下，自重仍然过重。

第二，转速要更高，这样才能输出更大的功率。当时的固定式燃气发动机由于活塞和飞轮尺寸较大，通常每分钟只能转 120~130 转。

也就是说，减轻重量、加快转速，是制造新型发动机的根本。由此可见，今天人们对汽车发动机的要求在第一辆汽车诞生时就已提出。一直以来，发动机所遵循的口号都是：重量上争做侏儒，功率上争做巨人！

一台活塞冲程为150毫米、气缸孔径为90毫米的发动机成了实验品。经过测试，它在每分钟450转的转速下，输出功率为2/3马力。我根据克里斯蒂安·赖特曼和尼古劳斯·奥古斯特·奥托在固定式燃气发动机领域首次实际应用的原理，把我的固定式二冲程发动机改造成了四冲程发动机。

多年后的今天，几乎所有的汽车发动机仍然采用同样的四冲程原理运行。

图11展示了这种发动机的工作原理。在第一个冲程中，活塞通过打开的进气阀E吸入易爆的汽油气体与空气混合物，因此该冲程被称为"吸气冲程"。当活塞在下止点反转时，进气阀关闭。在向上滑行的过程中，活塞将之前吸入的油气混合物强力压缩，这就是第二个冲程——"压缩冲程"。当活塞到达上止点时，混合气体被压缩到最小体积，此时必须进行点火。电火花形成的过程本身就包含了一系列相互关联的问题，它会使混合气体发生爆炸，由此产生的高燃烧压力又推动活塞向下运动，因此，第三个冲程被称为"做功冲程"。当活塞在第四个冲程中再次向上运动时，排气阀A打开，燃烧后的气体通过排气阀A向外排出，因此第四个冲程叫作"排气冲程"。在这种四冲程发动机中，四个活塞冲程中只有第三个冲程做功，其余

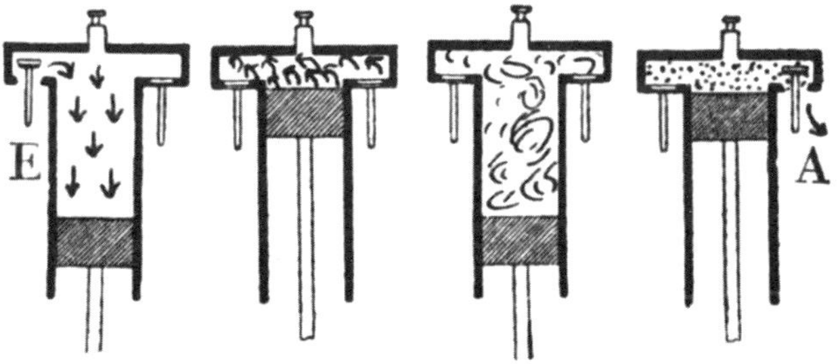

第一冲程　　第二冲程　　第三冲程　　第四冲程

图11　四冲程发动机的工作原理。

的活塞冲程产生制动效果，因为进气、压缩和排气所需的功，均由旋转中的飞轮所储存的能量转化而来。

有好奇的人会问，为什么我用于汽车的发动机采用的是四冲程而不是二冲程。毕竟，根据业内专家的评价，我是可以将本茨二冲程发动机视为解决"二冲程发动机"固有难题的最佳方案之一的。即使按照当时的标准，本茨二冲程发动机的燃料消耗也是很低的，然而，它比四冲程发动机要复杂得多，无法像四冲程发动机那样轻松地满足汽车发动机的第一个重要要求，即减轻重量。因此，我采用四冲程发动机来驱动汽车，尽管在很长一段时间里，我仍然在制造固定式二冲程发动机。

在一个时代里，汽车发动机技术总在探讨阀门控制，这并非没有意义。然而，我的第一个汽车发动机在控制进气的过程中，没有使用常规气阀，如前文图 10 所示，而是使用了一个滑阀控制。在后文图 32 中，我们可以清楚地看到控制混合气体进入的滑阀 M，它连接到沿水平方向运动的轴盘 A 的星形曲轴上。这个水平轴盘由两个常规轮连接到垂直立置的凸轮轴上，凸轮轴上的力通过活塞直接传递出去。排气阀也是由水平运动的轴盘 A 来推动的。在偏心的曲轴轮盘附近还设置有双摇杆 N 的一个轮辐，这个双摇杆的运动由连接的杆 K 来推动，用来控制排气阀。

电火花产生的原理

四冲程发动机工作原理清楚地表明，压缩了的混合气体必须在第二个冲程结束时点燃。如果火花无法点燃，那么即使最巧妙的设计和最大的油箱也无济于事，汽车会在马路当中停住。因此，不难理解，我为什么把所有的注意力和细致缜密都集中在发动机这一或许是最重要的方面。后来，法国汽车司机在互致问候时用的是"Bon allumage!"（"祝点火成功！"），而不是"Bon jour!"（"你好！"），这说明，点火装置的可靠性对于机动车辆的可用性来说是至关重要的。

今天，我可以高兴地说，我为首批汽车装配的点火器，即电点火器，后来在汽车发动机制造领域击败了所有其他类型的点火器。当然，技术上完美的电磁点火装置今天可以很容易地在市场上买到，但当时还没有。无论如何，我第一辆车的点火器已经可以算作"磁电点火"一类了。

我们知道，西门子的 T 型电枢线圈可以产生电流，如果电流在电磁的两级之间运动，其磁力线就会被线圈切割。如图所示，电枢线圈可以调整位置，磁力线通过软性电枢线圈铁引出，时而垂直（参见图 12）时而平行（参见图 13）地挤向电枢线圈曲面。在位置 1 中，磁力线通过电枢线圈中部运动；相反，磁力线在位置 2 时并不是通过中部，而是通过电枢线圈的上端和下端走向线圈。如果电枢线圈从位置 1 转向位置 2，那么通过曲面的磁力线的数量

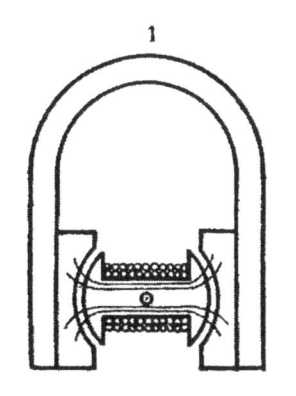

图 12　磁力线的运动（位置 1）。　　图 13　磁力线的运动（位置 2）。

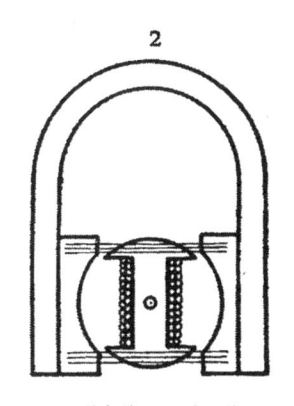

减少，相当于位置2没有磁力线通过曲面。

众所周知，由于磁力线的这种周期性增减，电枢线圈每充分转动一周，就会产生两股相反方向的电流。我在车上装了一个小型直流发电机，它可以为点火提供所需的电流，不过，这种直流电的电压需增高1 000倍才能产生可燃的电火花。因此，我在小型直流电机和探入气缸的绝缘铂丝头（后来发展成为可更换的"火花塞"）之间连接了一个变压器，如图14所示，它会大大提高电机所产生的直流电的电压。我把这个变压器（电感应器）的高压侧与"火花塞"的接头连接起来。

经过多次试验和对耐心的考验之后，我们发现，当时这种小型直流电机在可靠性方面尚不成熟，无法完成我为这种电机设计的、就当时而言过于超前的任务。如果道路平坦，发电效果就无懈可击；如果路面崎岖不平，轻电刷就会震动，使点火电流瞬时中断，因此，发动机经常会因为点火装置反复断电而无法稳定运行。

飞轮上的皮带会带动这个小型直流发电机发电。在水平飞轮上可以清楚地看到一个深槽，设计这个凹槽是为了埋设动力传送带。

为了启动发动机，司机在行驶前必须用手人力转动飞轮，直至发电机发出足够的电流，借助感应线圈（参见图

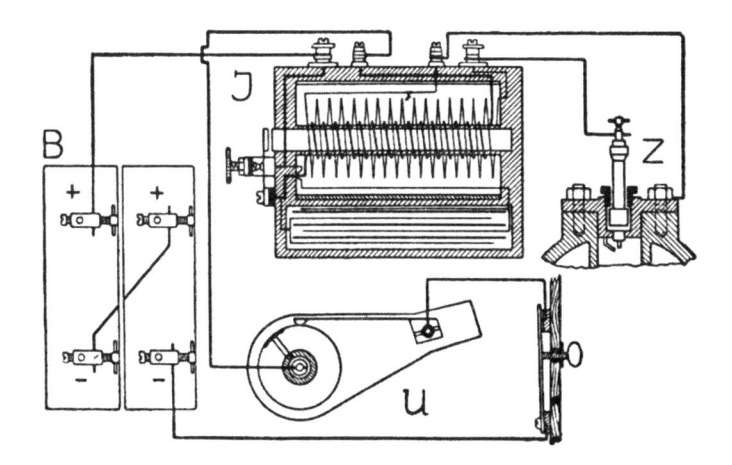

图14 汽油点火装置电路图（根据海勒博士所著《汽车与液态燃料发动机》绘制）。B-电池：最初连接的并不是电池，而是直流发电机；U-由发动机控制的断电器；J-感应线圈，用于产生更高的电压；Z-火花塞，在此产生跳火。

12 和图 13）产生可燃火花。

尽管我非常确定地预见到，将来，可靠点火所需的电火花只有这种连接高压线圈的发电机才有可能产生，但当时我还是淘汰了那台不可靠的点火电机。我用铬酸电池代替了点火电机，并在我的汽车发动机上进行了首次试验，但由于电池损耗太快，我又放弃了。

我将电机点火再次改成电池点火，这种点火方式已经非常完善，直到今天，汽车发动机制造领域仍在使用。当然，铬酸电池因电压很低，也无法在气缸内产生可燃火花，因为即使在空气中，要在约 1 毫米的火花间隙里产生火花放电，也需要至少 1 000 伏特的电压。在发动机气缸内部，混合气体在点火时处于高压缩的压力下，因此点火电压必须更高才行，正如我们今天所知，点火电压的高低取决于混合气体的密度。现代发动机的点火电压处于 9 000~11 000 伏特之间。因此，与直流电机点火电流的情况相同，我利用感应线圈来增加电池电流的电压。在妻子的帮助下，我自己绕制并测试了各种尺寸和粗细的感应线圈，这些线圈至今仍在使用。

汽车发动机的"气体工厂"

马需要吃草料，发动机也是如此。在当时可用于燃气发动机的燃料中，我为自己的铁马选择了合胃口的"草料"——汽油。我优先选择汽油作为动力燃料的原因，下面这件在其他领域无意中发生的事情可以说明。在某个厨房里，离正在燃烧的灶台约 6 米的地方，手套被置于一盆汽油中清洗。虽然离灶火很远，但汽油突然起火，爆炸，烧成一片火海，致多人死伤。汽油极易挥发，因此在常温下，甚至是零下的温度，也会汽化。由此产生的汽油蒸汽比空气重，会在屋内扩散，落在地板上，同时与空气混合形成一种多少有些爆炸性的混合气体。这种混合气体必定会落到灶火处，从而引发大火，喷射的火焰瞬间在整个房间里形成一片火海。

除了容易挥发，我还特别看重汽油能够完全燃烧的特性，其在燃烧之后不会产生任何固态或液态残留物。最重要的是，汽油热值高（10 000~11 000个热量单位），因此能量储备大，是汽车的理想燃料。

汽油以液态存储于油箱中。因此，我必须在油箱和发动机之间安装一个小型"气体工厂"，即一个可以让液态汽油雾化并与空气混合的装置。我的发动机使用的是表面式化油器。在这种化油器中，油面尽可能大，燃烧所需的空气可以拂过这一油面，所产生的气流与极易雾化的汽油充分混合形成可燃混合气体。

然而，这种表面式化油器有一个很大的缺点。由于汽油中的高挥发性成分会首先蒸发，汽油量不断减少，其中难以蒸发的碳氢化合物含量越来越高，最终剩下的就只有挥发性低的汽油残留物了。为了尽可能减少残留物并不断向化油器中补充新汽油，我将与我那最老式的化油器（参见图15）连接在一起的油箱V与浮子室G分离开来（参见1886年1月29日第37435号专利说明）。我还计划通过将高温废气引入化油器来预热汽油，改善汽油雾化效果。

以后的几年中，我一直致力于化油器的改进完善工作。1887年4月8日，我因为"防止浮子室内液体剧烈流动，实现油气均匀混合，最终达到防止回火的目的"这一创新研究成果又获得了一项专利。

后来，为了使化油器浮子室内的油面自动保持在同一高度，我用浮子阀代替了油箱的进口塞（如图16所示）。当汽油雾化达到一定量后，油位下降，此时，下降的浮子打开阀门V。于是，汽油不断地从主油箱中流出，直到不断上升的浮子再次关闭油箱的进油管，即阀门V。

这些研究后来促成了图17所示的性能优良的本茨化油器的诞生。发动机通过喷嘴D吸入混合气体。燃烧所需的空气可以通过金属丝网E（实际上是第一个空气过滤器）进入管道F，汽油被高速的空气流冲散，形成大小不等的雾状颗粒，即"雾化"，然后在汽油蒸汽饱和的情况下，沿着锥形管G进入发动机的进气管D。小箭头显示的是，空气在进入进气管D之前被迫进行了尽可能长的分流。这样做的目的不仅仅是让空气与汽油蒸汽充分混合，更重要的是，锥形管G会防止液态汽油进入进气管D。浮子B可确保C-B管道中的汽油流量得到调节。高温废气通过底部可见的H-J管道从H通过空间L流向J，这个过程使汽油得到预热。众所周知，汽油的蒸发会产生冷却效果，因此，

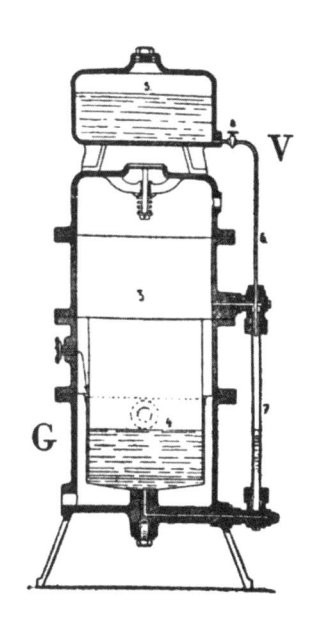

图15 根据第37435号专利说明书制造的化油器。

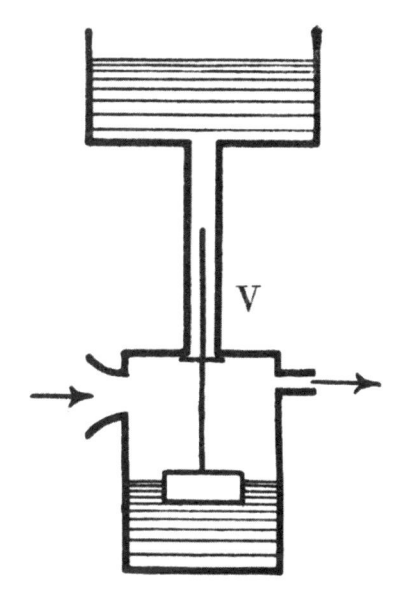

图16 化油器中的浮子调节油面高低的过程示意图。

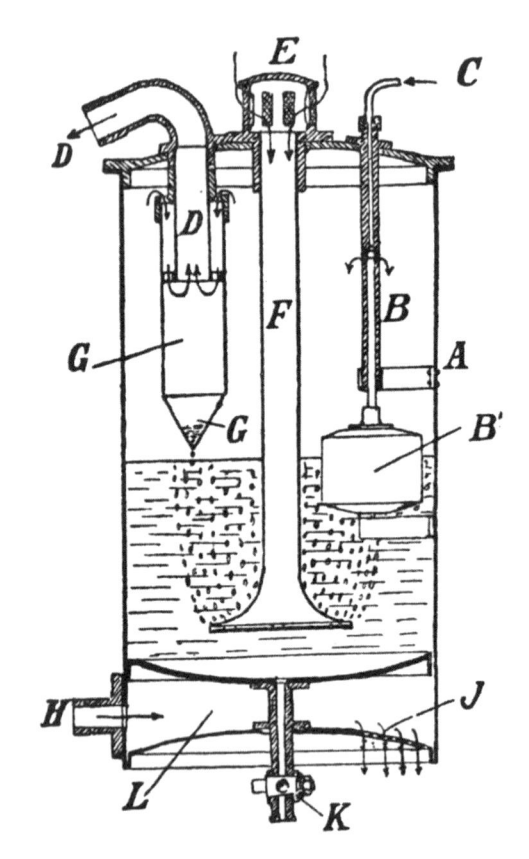

图17　本茨表面式化油器示意图，见约翰内斯·门采尔:《汽车化油器》。

即使在寒冷季节，化油器也可以通过其预热功能有效地防止过度冷却。

冷却发热的发动机

除了点火装置和化油器外，我还必须给自己的汽车发动机再安装一个附加装置，即冷却器。高度压缩的油气混合物在气缸内燃烧，产生大量热量，导致润滑油燃烧，活塞卡住，以及气缸壁温度过高。因此，冷却装置对于行驶中的车辆来说不可或缺。在我的固定式燃气发动机中，只需不断从水管中抽取淡水进行冷却，就可以使气缸壁温度降低。然而，机动车辆如果装载大量的水就会导致超载，因此冷却问题变得相当棘手。解决这个问题最简单的办法，是用水箱中的水把气缸包围起来，冷却水与气缸壁接触后，通过热传导将气缸壁的热量吸收，从而实现冷却效果。

为此，我先是直接在发动机上方安装了一个容器，发动机的气缸壁与现代发动机一样被金属外壳包着，气缸壁与金属外壳之间的空腔间距很小。冷水被导入中间的空腔，水的温度升高后质量变轻，因而上升到顶部，这种对流可以防止发动机过热。从我的专利图（图18和图19）上可以看出，我尝试尽可能充分地利用对流原理（与热水供暖

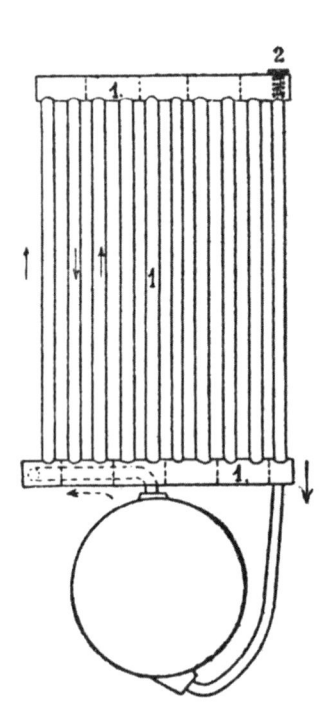

图 18　根据 1886 年 1 月 29 日专利设计制造的循环水冷却器。

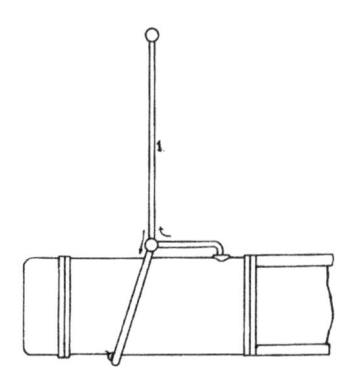

图 19　根据 1886 年 1 月 29 日专利设计制造的气缸的冷却装置。

原理相同）将热水导入一个管道，而这个管道可以暴露在气流中，从而使其温度冷却下来。

众所周知，这一原理的事实基础是一定体积的热水比同体积的冷水要轻。为了以最简单的方式解释我的冷却器理念，我用在学校里做过的"热流"实验来说明。如图20所示，我把大玻璃瓶里的水加热，水受热后质量变轻，于是就沿着竖直的导管上升到上方容器。它在容器里冷却后质量增加，就会从另一条弯曲的导管中流回大玻璃瓶。为了让水循环流动的过程更加容易辨认，我们还可以在玻璃瓶中加入颜料、木屑或防水的纸屑。水温无论在何处（如发动机中）升高后都会因为变轻而上升，但冷却后又因为变重而向下回流，这就在管道中形成了一个水循环，在这个循环过程中，冷却后的水又回到温度变高的位置。用这种方式，我的汽车发动机冷却系统用相对较少、不断循环的水就足够实现冷却效果了。图21显示，在世界上最古老的汽车上，通过水的自动循环实现循环水冷却的理念已完美实现。这种自动水循环装置和我的循环水冷却器都有共同的目的——节水。

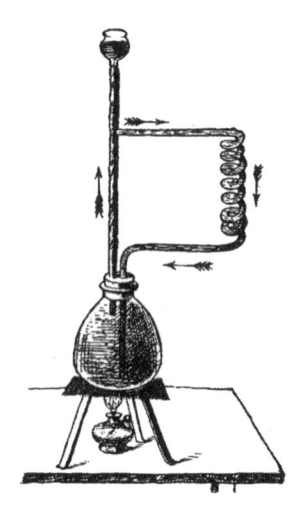

图 20　本茨的冷却器设计原理可以通过这个简单的小实验来展示。

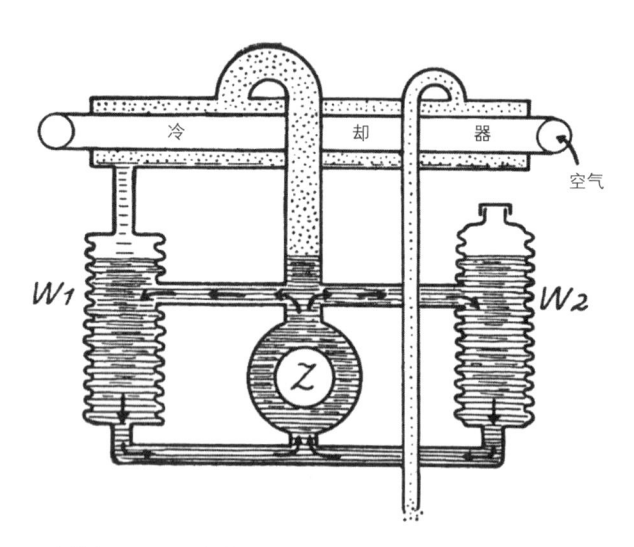

图 21　安装在最早一批奔驰汽车上的自动水循环原理下的冷却器。空气从冷却器中进入。Z 为气缸。

马力从发动机传递至驱动轮

"得到发动机，就得到了一切。"这真是大错特错。就发明的总体目的而言，我无法维持上述句子的概括性。我必须用有限的篇幅对它进行纠正："得到发动机，就得到了动力来源。"

诚然，新型发动机与其附件（化油器、点火器、冷却器）是我的汽车的核心部件。然而，需要动起来的不仅仅是发动机，更重要的是整个汽车也要动起来。于是，在解决了动力问题后又出现了传动问题。虽然已有蒸汽机作为参考，但遗憾的是，高速运转的汽油发动机无法效仿蒸汽机。这是因为蒸汽机是在启动时通过连杆将活塞的动力直接传递给传动轮，而汽油发动机则无法实现这种直接的动力传输，主要原因在于两者的启动方式不同，相应地，发动机和传动轮的转速也不同。与蒸汽机不同的是，汽油机在启动时需要借用外力。今天，飞轮是通过电动马达来启动，以前则是通过徒手转动飞轮先吸入油气混合物，然后压缩和点燃混合气体。发动机活塞的工作冲程只有以这种方式开始，发动机才能凭自身动力继续运转。发动机达到一定转速时就能克服汽车惯性力的反作用力，从而推动汽车行驶。

现在，读者可能会明白，我在画图纸的时候，必须设计以及绝对必要的东西是一个将发动机与传动系统断开的装置，即离合器！发动机的空转不仅在行驶之初是必要的，在行驶过程中也是如此。每个路口、每辆迎面而来的车辆都可能造成必须立刻停车但又无须关闭发动机的情况。如何解决根据需要随时中断动力传输的问题呢？

解决办法必须满足两个要求：首先，发动机和传动系统之间不能完全结合，即牢固连接；其次，发动机动力不能直接传至驱动轮的轴上。因此，我在发动机曲轴和传动轴之间插入两根用皮带连接的副轴。在第二根副轴上有两个小链轮，它们利用两个链条将驱动力传至与后轴牢固连接的两个更大的链轮上。发动机与驱动轮之间所需的转速差通过这种传动得以实现。

那么，如何完成既要停车又要保持发动机运转这个任务呢？我直接在第一根副轴上安装了两个皮带轮，其中一个牢固地连接在轴上，另一个则可以松弛转动。如果想在停车时关闭运转中的发动机，只需要使用图22中的手柄将换挡杆水平推向另一侧，使发动机传动带从副轴的紧皮带轮滑向松皮带轮。这样，发动机就可以空转，不再继续驱动车轮。

人们在行驶途中做短暂停留时，如购物、参观等，并不一定非得关闭发动机。这样做的好处是，司机可以随后继续驾驶汽车，无须很麻烦地再次启动发动机。如果行驶中断时间较长或者发动机熄火，那么就具备了所有重新启动发动机的前提条件，传动带此时位于松皮带轮上，车辆停止状态中的发动机因此可以启动起来。

此外，我还在图 23 中的手柄上连接了制动器。我把第一根副轴上的紧皮带轮与第二个皮带轮焊接在一起，第二个皮带轮通过拉紧缠绕其上的钢带来制动。如果把手柄向后推，超过中心位置时，这个钢带就会被拉紧，从而实现制动。若将手柄从中心位置缓慢向前推动，发动机的传动带就会从松皮带轮移向紧皮带轮，这样汽车就启动起来了。

车辆转弯操作

不解释的话，外行人可能会认为，一辆外形酷似马车的汽车像马车那样转弯，不会有什么特别的困难。实际上，情况并非如此简单。恰恰相反，我认为弯道行驶时面临的困难不容小觑。因此，至少在我制造第一辆汽车的 10 年前，我就开始通过画图和计算寻找解决这一问题的办法。

当然，对于普通马车来说，转弯不会有什么困难，道

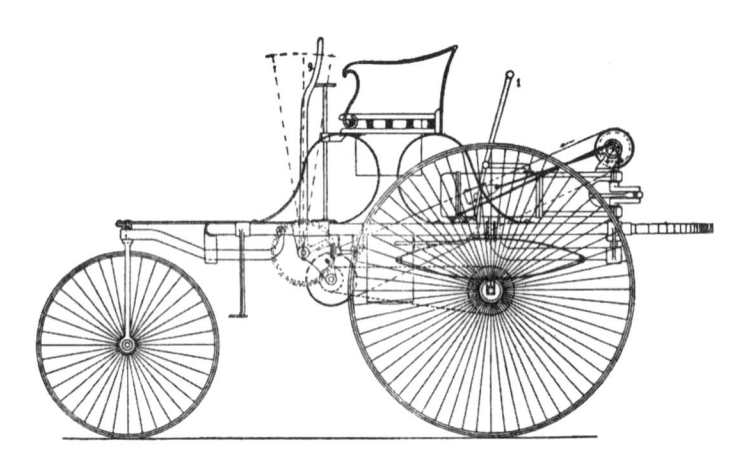

图22　1886 年 1 月 29 日专利说明书中展示的第一辆汽车。

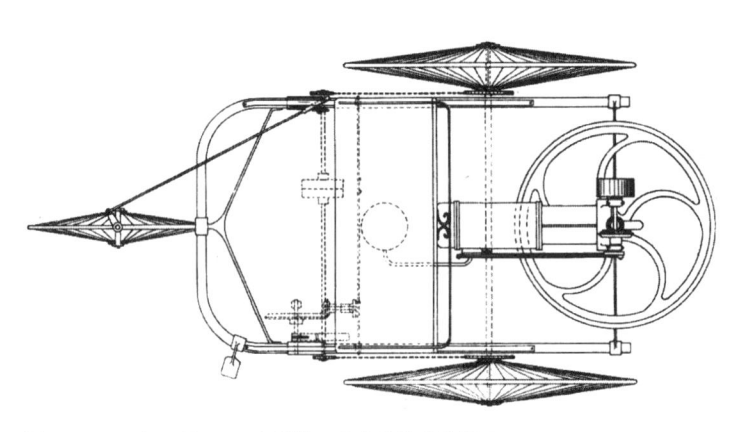

图23　1886 年 1 月 29 日专利说明书中的汽车俯视图。

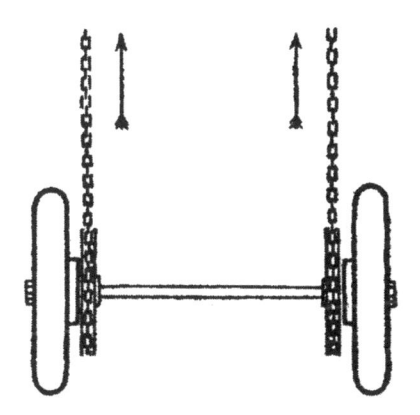

图 24　奔驰专利汽车的两个后轮由连接在一个副轴上的两个传动链驱动。

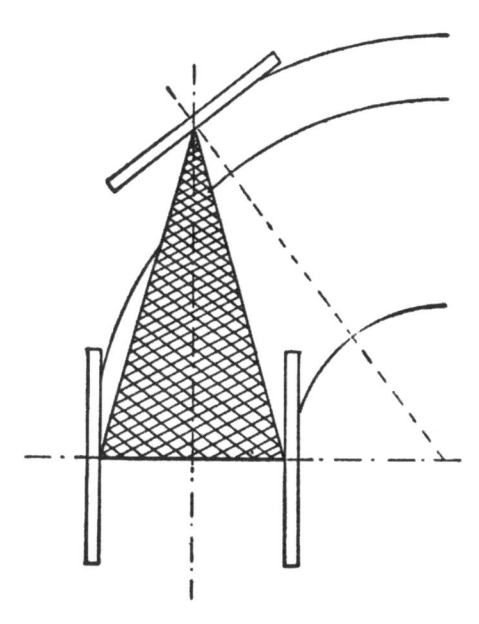

图 25　从图中可以清楚地看出，本茨设计的汽车在转弯时两个后轮是有行驶轨迹差的。

理很简单，马车的每个车轮都各自独立，可以在车轴上自由转动。在急转弯处，可以明显看到，弯道内侧的车轮比外侧车轮的行驶轨迹要短得多。这与行军时纵队转弯的情况相同。当纵队转弯时，方队内侧原地踏步慢转，而方队外侧却必须迈大步转弯。汽车如果也如此操作，就需要前后四个车轮都彼此独立。

在我的汽车上，两个后轮由连接在一个副轴上的两个传动链驱动。因此，我需要思考，哪条传动链可以让两个后轮只能在直道上以相同的速度转动；相比之下，在转弯时，位于弯道内侧的后轮可以慢速转动，而外侧后轮则相应地加快速度转动。

只要世界上不是所有的道路都是直的，只要它们蜿蜒曲折，无法弯道行驶的汽车就不是适合上路的汽车。因此，我必须竭尽全力让汽车在各方面都满足上路行驶的要求。我设计了"差速器"来实现后轮在转弯时需要的转速差，如今，每辆汽车都必须配备这种装置。

这种差速器的工作原理问起来容易，解释起来难。为了能够更好地解释这个问题，我要说明一些"前置知识"。

如果两个齿轮条按照图 26-1 所示与一个齿轮 Z 相接触，那么作用在中心点 M 上的力 K_1 不会导致其他部件转动，而是导致整个装置在移动（图 26-2）。如果力 K_2 未作

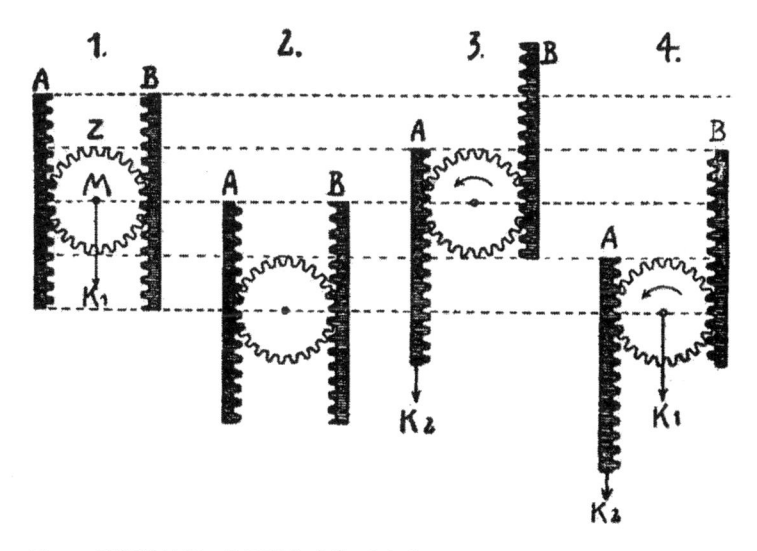

图26 理解差速器工作原理的"前置知识"。

用在中心点 M，而是向下作用在齿轮条 A 上（图 26-3），那么齿轮 Z 就转动起来，并会推动另外一根齿轮条 B 向上运动。如果力 K_1 和 K_2 同时做功，那么齿轮 Z 不仅会移动，还会旋转（图 26-4）。

在我的汽车上，由于两个后轮由连接在一根副轴（由两个半轴组成）上的两个传动链驱动，所以我决定在这根副轴上安装差速器，而不是在两个后轮之间安装直联联轴。这样的话，当副轴上的差速器以不同速度带动两条传动链的时候，两个后轮就能各自独立转动。

现在，让我们来设想一下水平放置的齿轮 Z 和小控齿轮 X 的位置，以及控制两个齿轮条的锥齿轮 Y_1 和 Y_2 的位置，如图 27 所示。两个虚线圈 A 和 B 表示副轴的两个小链轮，而中间可见的两个锥齿轮和一个小齿轮构成了差速器。两个半轴 W_1 和 W_2 的中心端各装有一个锥齿轮 Y_1 和 Y_2。小齿轮 X 与这两个锥齿轮啮合。假设用手沿虚线圈方向转动小齿轮，两个半轴 W_1 和 W_2 就会沿相同的旋转方向以相同的转速转动，锥齿轮 Y_1 和 Y_2 就可以和两个半轴一起运动，而且它们的相对位置不变。这就是我在前面讲过的第一种情况。这种情况相当于在道路上直行。当然，小齿轮 X 在现实情况下不是用手转动的，它被安装到固定皮带轮 15 上，而这个固定皮带轮则通过紧绷的皮带带动，如图 28 所示（参见前文关于动力传输的说明）。当这个紧皮带轮转动时，小齿轮 X 进行虚线所示的圆周运动，从而带动两个锥齿轮 Y_1 和 Y_2，于是两个半轴以及传动链和汽车后轮都被带动起来。

　　直行时，锥齿轮 Y_1 和 Y_2 的转速相同，而转弯时，内侧后轮要以相对慢速转动，这就要求差速器中相应一侧锥齿轮的转速要低于对侧锥齿轮。一侧小齿轮围绕其小轴旋转，均匀带动对侧锥齿轮获得比同侧锥齿轮更高的转速，即可实现这一效果。

　　这样就解决了两个后轮在转弯时需要不同转速的问

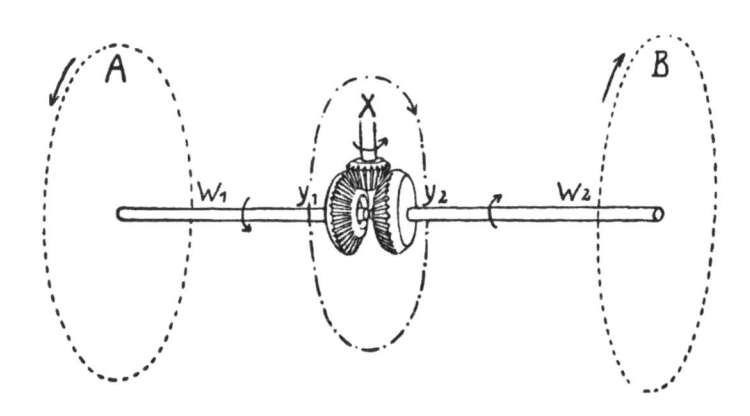

图27 差速器的工作原理。

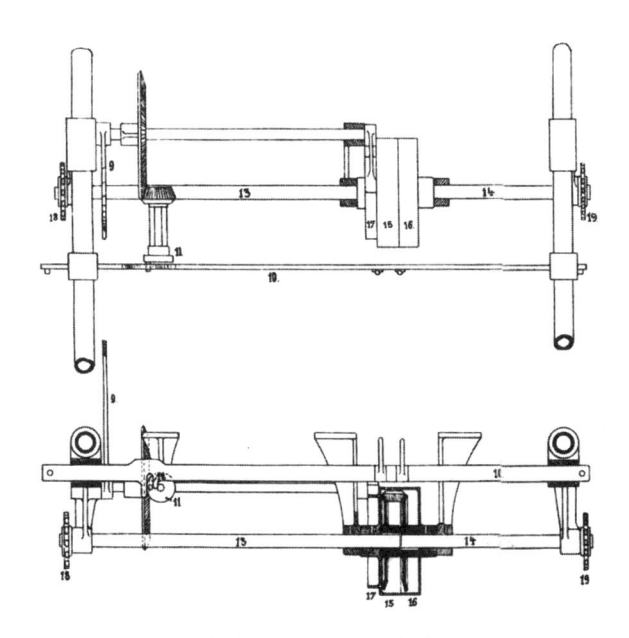

图28 1886年1月29日专利说明书中的动力传输装置示意图,图片尺寸已等比例缩小。15-装有差速器的固定皮带轮;16-空挡情况下的活动轮;17-制动轮。

题。转弯时，位于弯道内侧的后轮会自动变慢，而外侧后轮会加快速度，这样它们的转速与行驶轨迹就完全一致了。

我认为差速器的重要性不言而喻，于是就先把它的草图画了出来。10年后，我终于解决了汽车的转弯问题。从此以后，汽车的制造就变得轻而易举了。

最初的试驾

在工厂院内

　　1884—1885年是汽车诞生之年。早在1885年春天，我毕生的梦想仿佛在这伟大时刻的恩惠下有了触手可及的外形和生动的轮廓。那是一个晴朗的日子，机械师的孩子站在工厂院内，他从思想的世界走了出来，来到现实的世界。

　　这个毫无经验的新手周围是他的妻子、孩子们和工人们。正中间站着的那个人被工人们私下里称为"父亲"。每个人的眼睛都闪烁着光芒！从最小的孩子到最年长的工人，每个人都很自豪。大家满怀期待，就好像世界上最大的剧院即将拉开帷幕。

　　眼前的车就像个孩子，我转动飞轮，试着给它注入生命。还没等苏醒过来，它就发出"咔嗒咔嗒"的声音，想引起大家的关注。喜出望外的父亲立刻拉起孩子的手,和它一起尝试着"走出第一步"。瞧!它走起来了!它偶尔不那么听话,不愿意走,想罢工,甚至想直冲院墙撞过去。尽管父亲偶尔也很执拗,但他有自己的教育原则。他告诉自己,孩子首先要接受扎实的幼儿园教育,然后才能到外面的世界去!既可以充当教育者,又可以充当医者的父亲才是好父亲。因为眼前的这个小孩子还在遭受各种儿童病症的折磨,必须做手术,一会儿需要医治主器官,一会儿需要医治附属器官。手术之后,这个小孩才可以走上大街。

在路上

轰轰轰,这是新时代的新式问候,新时代的第一声喇叭鸣响,它开启了发动机统领陆地、水上乃至空中的时代。世界在关注!人们驻足街头,惊叹不已。太不可思议了!这是一辆没有马拉的车,车轮滚滚,全速前行。它行驶在路上,突突作响,好似奇观。驾驶员骄傲得像个国王,从座位上俯视一众惊讶的人群,向他们招手致意。

突然,天降厄运,第一个故障出现了。车速越来越慢,现在呢?没错,它一动不动地停了下来。驾驶员下了车，蹲下身去，拆拆装装，修修补补。围观的人越来越多，嘲笑声、讥讽声不绝于耳。先前的惊叹和钦佩变成了怜悯、嘲笑和揶揄。后来，每当它出现故障，困在城里或者城外的村庄，都会像第一次的情形一样，引发一场辩论，以及毫不留情的批判。一些人认为，这就是"噱头，毫无价值，不成气候"。还有人说："这世界有的是马，有最优雅的马车，还有出租马车，何须坐在这样一个不可靠、寒酸、噪声嘈杂的机器盒子里呢？"那些"内行"则说："他太令人惋惜了。""这个疯狂的想法会毁了他和他的事业。"一位坦率的柏林人善意地劝我："如果我有这么个破机器盒子，我就待在家里不出门了。"

这就是公众对我数十年来默默奋斗和坚持不懈的回应，对我投入生命想要完成的任务终于寻到成熟解决方案的回应，那就是直截了当的否定。即使所有人都否定和拒绝，我依然坚定不移。没有人能剥夺我对未来的勇敢信念。世界上只有一个人与我一样，敢于相信和期盼，那就是我的妻子。她一直乐观地照亮着我的梦想小屋。现在，梦想终成现实，在最初的试驾中，她坐在我身旁，助我一臂之力。无论驾驶汽车还是启动发动机，我都需要她来帮忙。一开始，车子在回家途中偶尔会耍脾气，需要"推着走"，这时候妻子就更不可或缺了。那时候，似乎每次出行，汽车都想让我这个发明者的计划落空。不过，我也不是好惹的。无论哪里出现故障，造成麻烦，不找到和排除故障，我绝不罢休。渐渐地，回程也可以开回来了，既不用人来推，也无需牛马来拉车。行驶里程也从 100 米变成 1 公里，甚至更远。每次出行都严格监控经验系数。每次出行都是一次试驾，都会带来新的收获、新的改进和新的进步。

大约 1885 年底，我确信，我的汽车不是没有实际应用的机会，也不是没有未来经济价值的试验性设计。现在，我认为是时候起草并提交一份专利书和专利图了。专利书的标题为"燃气发动机驱动的车辆"[1]，开头写道："本设计[2]主要用于可载 1~4 人的轻便车辆和小型船只。"1886 年 1 月 29 日，我提交了专利申请，我的发明从此受到保护。这是第一项多人可乘、完整且实际可用的汽车的专利，它成为现代汽车的出生证（德国专利号：37435）。

---

1 此时还是三轮汽车。——译者注
2 此处应该是指燃气发动机的设计。——译者注

最初的试驾 / 085

图 29　发明家的三个女儿蒂尔德、埃伦和克拉拉乘坐奔驰专利汽车。

图 30　曼海姆港口第一艘安装了本茨发动机的摩托艇。详情请参阅 1886 年 1 月 29 日第 37435 号专利说明书。

报纸首次报道

那时候，我特别喜欢在远离城市的地方试车——在工厂内的空地或者外面老旧无人的环城路，那时环城路环绕在曼海姆周围，几乎没人走。从1886年春天开始，我不再畏惧和躲避周遭的人以及他们的评论。现在对我来说，黄昏和夜晚不再是我最喜欢的练习和试验时间。我开着车出现在城市的街道和广场上，甚至是在交通最拥挤的地方。

新型车辆很快就被更多公众熟知，第一批报纸报道出现了。其中一篇报道（1886年6月4日的《新巴登报》）写道：

汽车领域因为本地奔驰公司的新发明而取得了巨大进步，这对汽车爱好者来说是一个令人振奋的消息。该公司还因生产带有新专利点火装置的燃气发动机而享有盛誉，影响广泛。目前，该公司正在量产与燃气

图31 第一辆奔驰汽车。1885年试驾时,本茨开着它成功地环绕了曼海姆一周。

图32 第一辆奔驰汽车的背面图。D-冷却器的水箱;M-控制空气进入油箱的滑阀;G-油箱;B-皮带轮;F-气体加热装置;A-沿水平方向运动的轴盘。

发动机结构相同的、由发动机驱动的三轮汽车。该发动机的气缸宽度为9厘米,位于两个后轮之间和轮轴上方的减震弹簧之上。它虽有些娇小,但功率却接近1马力,每分钟转300圈,因此车速可以提高到普通客运列车的速度。发动机使用的燃料是一种石油醚气体,存储在燃料箱中,足够使用较长时间。发动机上部是装有两个弹簧的双人座位,座位前面是转向和制动杆。扳动手柄即可控制车辆启动和停止。两种状态的切换由手柄将负责向车轮传递发动机动力的皮带导入皮带轮的松边或者紧边来实现。整个车辆比一个普通的三轮自行车大不了多少,给人的印象是讨人喜欢和精美雅致的。毋庸置疑,这辆三轮汽车很快就会得到众多爱好者的青睐,因为它很可能对医生、旅行者、运动爱好者等极为实用。

1886年7月3日第326期的《新巴登报》是这样报道的:

我们先前报道的这台利用石油醚气体驱动的三轮汽车由奔驰公司莱茵燃气发动机制造厂设计,今晨于环城大道上进行了试驾,试驾结果令人满意。

从那时起，人们每天都能看见这辆车从旧厂房驶出，穿过内卡河，开到位于瓦尔德霍夫大街的新厂房。在这里，该车的发动机同时充当工作马达，用它把水抽入水箱。

现在，人们不仅在城里有机会认识第一辆能够行驶的汽车，在城外乡村也有机会看到。它经常以每小时10~16公里的速度在曼海姆各地区"巡游"。

很快，本茨家的老车库里，这辆三轮汽车不再形单影只。几辆1886年新造的样车与它同台竞技，这开启了一个新的时代，一个量产和经济价值的时代。1886年9月5日，《曼海姆市大众报》在一篇长文《使用燃气发动机驱动的公路车辆》中对此做出如下重要报道：

> 我们曾经报道过，奔驰公司莱茵燃气发动机制造厂的合伙人、点燃式燃气发动机的发明者卡尔·本茨先生设计了一种由燃气发动机驱动的汽车，并已为这项发明申请了专利。我们见证了第一辆汽车的诞生，并且在几个月前目睹了它的运行。早在第一次测试中我们就确信，本茨的发明解决了应用自有力量制造汽车的问题。然而，正如我们所预料的那样，它仍然存在许多不足之处，需要通过不断的试验和改进来克服，这项工作与发明本身一样困难，但现在，改进工作可

以说已经完成了。本茨先生可以开始制造这种为实际应用而设计的汽车了。我们相信，这款汽车会有很好的未来，因为它的使用毫不费力，而且它还可以高速行驶，将成为商务人士以及旅游者最省钱的交通工具。

除了日报，科学类期刊也开始关注本茨发动机和汽车的重要意义。例如，由 M. 维尔德曼出版的 1886 年《自然科学年鉴》（第 2 卷，第 137 页）这样写道：

> 奔驰汽车公司生产的发动机不仅可以用于船舶，也可以用于车辆，特别是三轮汽车。活塞由空气和石油醚混合气体爆燃驱动，油气混合物几乎是在车载容器中自动形成的，也就是说，无需驾驶员专门控制就可以产生。

为汽车的未来而奋斗

自 19 世纪 70 年代以来，我在燃气发动机方面，特别是在二冲程发动机方面，积累了丰富的经验，因此，我的发明想法很快就得以开花结果。当然，制造固定式发动机仍然是公司的核心业务。制造汽车则是利用星期日、开始营业前的早晨或下班后的时间。

我在曼海姆郊区的三条大道上选择了两个三点环路。很长时间以来，我们每天在晚上 10 点到 11 点绕着这两个三点环路行驶，走一次"大三点"（厂区—瓦尔德霍夫—桑德霍芬—克费尔塔尔—曼海姆），再走一次"小三点"（厂区—瓦尔德霍夫大街—瓦尔德霍夫—克费尔塔尔—曼海姆）。孩子们十分喜欢这种夜间行驶。暴风雨天气时，难以行驶，他们就更能体会夜间环路试驾的快乐。不过，孩子们和汽车都要学习去忍受暴风雨等恶劣天气。

就这样，我急不可耐地从每项发明的第一个阶段（构思、揣摩、绘图和计算）升级到第二阶段（实际执行和实现想法），直至最后完成发明！现在，我以为自己已经站在了顶峰，站在了发明家幸福的顶峰，但我意识到，我还在底层，不得不像乞丐一样，必须叩响人类及其文明的大门。现在，我心中有一种沉重而灰暗的忧虑，与此相比，曾经那些发明家的烦恼都不过是小学生的烦恼罢了。现在是时候迎战嘲笑者的讽刺和讥笑了。我必须坚持自我，完成发明，即便遭到否定和拒绝。思索的发明家必须成为文明的征服者，为解决问题所付出的努力必须成为为汽车的未来而付出的努力，这是发明的第三个也是最后一个阶段，一个危险的阶段。有些伟大的发明家在克服了第一个和第二个阶段后，在这个最后阶段绝望地倒下了，倒下的原因是，人类对于不自量力的乐善好施者没有给予回报，而是让他们不名一文。

当然，我无须惧怕贫穷，我所推崇的固定式二冲程发动机就足以对付它了。但是，越过第三个发明阶段的前提是要有异常的毅力和韧劲，我处处都能感受到这种不同寻常的性格力量。在很长一段时间里，即便是德国相关领域专家，也没有认识到我的发明对于交通和经济生活的根本意义和变革性影响，这与法国同行的态度截然不同。几年后，人们仍然认为那年轻人的破车前途黯淡。仅举一例，我面前有一本赫尔德的《1888/1889年自然科学年鉴》，由M.维尔德曼出版。其中，柏林的帝国专利局图书管理员G.范穆登博士介绍了我制造的马达船，然后继续写道：

> 本茨还造了一台汽油车，在慕尼黑展览会上引起了轰动。然而，汽油机的这种应用就像蒸汽机被用作公路交通运输工具一样，不可能有未来。

这类的专家评判无法束缚我的信念。我不屈不挠，顽强抗争，竭尽全力渡过各个阶段的难关，去实现我最初的想法，直至达成目标。

为了给新车出入现实世界开辟道路，首先，我不仅在德国，还在其他工业化国家申请了专利。然后，我马不停蹄地继续研发我的汽车。第一辆车的明显缺陷都被消除了，同时我还萌生了很多改进和完善的想法。很快，新款样车的木制车轮换成了铁制车轮，又在驱动轮上装了铁轮，而前轮则装上了实心橡胶轮胎，这样一来，即使在光滑石子路或者冰冻路面上行驶，也可以轻松转向。为了提高汽车上坡动力以及车速，还装配了一台功率更大的3马力发动机。

1887年4月8日，我获得了关于"皮带轮R内的圆

图33 发动机功率为3马力的奔驰舒适型车。

柱齿轮 Z、Z'、Z"、Z'" 以及拨杆 M 结构布置"的专利。有了这种装置,轻轻推动控制杆 b 就可以立刻将汽车从快速挡切换到慢速挡,反之亦然;另外,可以利用发动机的可用功率克服陡坡。

获得专利的新型驱动装置设计的精髓是行星齿轮箱,亦称外摆线齿轮箱。

挡位在慢速挡的时候,拨杆 M 紧扣齿轮 Z",爪式联轴器 K 则将车轴 a 与齿轮 Z' 连接起来。像行星一样(行星齿轮因此得名),铆接在一起的齿轮组 Z 和 Z'" 在皮带轮转动时也跟着转动:1.围绕自身中心点(销轴)被称为"自转";2.围绕车轴 a 被称为"公转"。Z'" 比 Z" 大,因此在

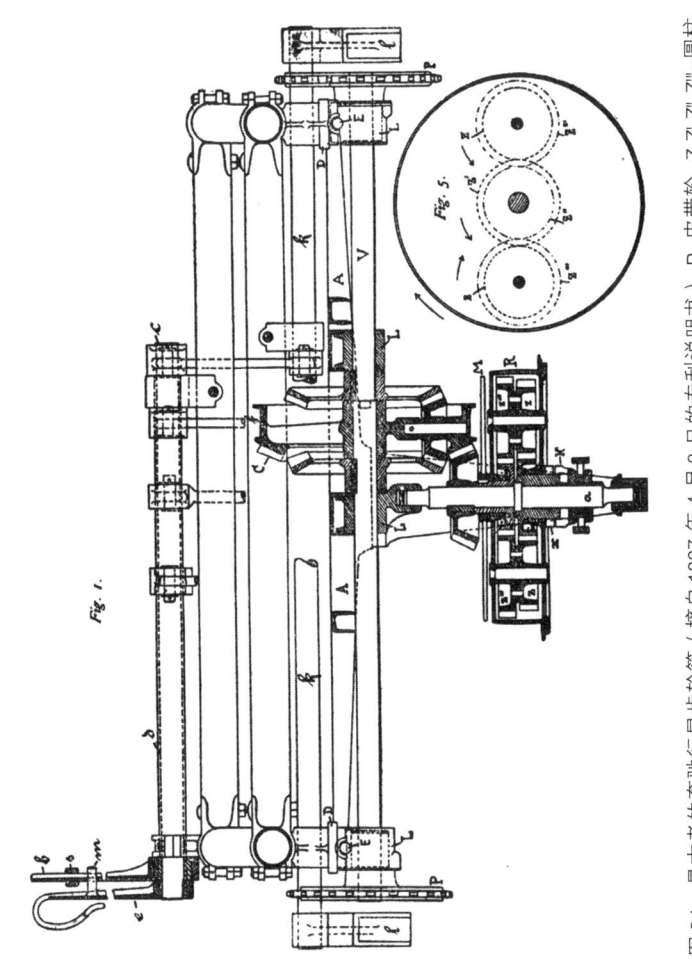

图 34 最古老的奔驰行星齿轮箱（摘自 1887 年 4 月 8 日的专利说明书）。R-皮带轮；Z Z' Z'' Z'''-圆柱齿轮；M-拨杆；K-联轴器；f-带式制动器。

皮带轮转动一圈时，Z''' 以及 Z 是无法转完一圈的。当 Z 与较大的齿轮 Z' 啮合时，Z' 以及轴 a 的旋转速度就会比 Z 旋转得慢一些。如此反复，速度就会下降。与此相反，如果放开拨杆 M，皮带轮 R 通过被推到高处联轴器 K 直接与车轴 a 连接，使汽车行驶速度加快。

根据控制杆 b 的位置可以：第一，让皮带轮和发动机空转；第二，在行星齿轮箱于中间换挡的情况下将动力传输给差速器；第三，直接将动力传输给差速器。

新式车辆被警察拦下

我这辈子开车从未出过事故。开车时我一向小心谨慎,也会为同伴着想,这一点,很多从我们学校毕业的司机都深有体会。不管是谁超速行驶,只要被我发现,就必须在工坊里拧螺丝14天,以示惩罚。

因此,当我在发明初期收到曼海姆区政府的传票时,我感到非常惊讶。麻烦是我的司机们惹的,因为他们很喜欢从警察身边疾驰而过,认为这是特别开心的事情。结果,警察告到区政府,区政府据此传唤我到法院出庭。

"您难道,"政府官员毕尔鲍姆说,"完全不知道,根据议会法令,利用自有力量驾驶汽车在我们巴登是禁止的吗?"当然,对一个想用汽车征服未来和世界的人来说,这简直是一个巨大的铁丝网路障。我立即用西塞罗式的谈判策略来扫除障碍。结果,隔离栏杆旁的警察被我陈述的缘由说服,抬起了栏杆,为曼海姆辖区开放了通行权。但是，我还必须补办由主管部门开具的许可证。虽然有了许可证，但实际上有与没有无甚区别，因为每小时的城内限速为6公里，城外限速为12公里！

因为任何专家意见都无法左右这一所罗门式判决，于是我再次尝试使用理性武器去争取。我邀请了这些官员到曼海姆来做客，目的是让他们相信我的汽车既可靠又安全。很好，他们接受了邀请，并告知我他们计划乘坐的火车到达曼海姆的时间。我委托司机图姆，用"轻便汽车"去火车站接他们。当然，我再三提醒他，这些"危险的"先生在车上，车子时速绝对不能超过6公里。

先生们到站了，上了我们的汽车，兴高采烈地开始了无马车舒适缓慢的行程。然而，过了一会儿，他们觉得这种慢速有点乏味。当一个运奶马车车夫牵着他那疲惫的马做出想超过汽车的表情时，其中一位官员向图姆喊道："嘿，说您呢！您不能开快点吗？""当然能，"司机说，"但是我不可以，因为警察不允许。""见鬼，别管规定了，快点开，不然每辆运奶马车都会跑到我们前面。"

就这样，禁令解除，汽车的行驶自由不再受当地行政区域界石的束缚，也不再受过时的马车时代的死板限速规定限制了。

我们驶向世界！

第一次长途行驶

第一次长途行驶是背着我，也就是我不在场的情况下进行的。事情是这样的：开车漫游者"劫走"了我的车。他们是三个人，互相配合协调，就像吉他的琴弦一样。他们喜爱我的汽车，就像我爱我的汽车一样。但是，他们对车的要求比我更多。他们想知道，这辆新车会不会为乡间旅行者开辟一个新时代，乡间驾驶和自驾游的范围会有多大。这辆"被劫走"的汽车要在180公里的路段展示它在上坡和下坡时能做什么，不能做什么。

他们便是我的妻子和两个儿子，三人组成了拥有流浪者血脉的三叶草[1]。

---

[1] 三叶草象征着吉祥幸福。——译者注

那是1888年的夏天。学校关上了大门，假日的霞光照亮了整个世界。假期和远足就像来回晃动的钟摆，令人心生倦怠，没有新意。于是，我的孩子们——15岁的欧根和13岁的理查德，萌生了一个大胆的想法：来一次新潮的假日旅行，开着汽车去外面的世界看看。"但是父亲永远不会允许我们这么做的。"理查德深感沮丧地说。"那我们去找母亲吧，"欧根回答道，"她比父亲胆子大，或许会和我们一起去。"果然，密谋达成，组队成功。母亲和儿子们背着父亲，搞了个秘密策划。他们确定了曼海姆到普福尔茨海姆这条"旅行路线"，目的是探望亲戚。两个男孩悄悄地把闲置在车棚里的车准备好。一天晚上，他们向母亲报告："车已备好，明天就可以出发。"

现在，母亲也被这条"凯旋大道"（*via triumphalis*）吸引。她假装料理家务，就像第二天要赶头班火车即将踏上持续数天的旅程一样。这一招果然奏效。当他们三人在破晓时分"嗒嗒"启动车子出发的时候，毫不知情的父亲还在睡梦中。欧根坐在方向盘前，母亲坐在他身旁，理查德坐在后面的小座椅上。在美丽平坦的大道上，他们不到一个小时就开到了海德堡。直到维斯洛赫镇时一切都还顺利。然而，走到起伏的山路时，麻烦就来了。当时的传动装置尚未为大坡度做出设计。欧根和母亲不得不下车推车，方向盘由理查德掌控。然而，即使下坡的时候母亲也有些担心：要是带皮套的简易木制制动器突然失灵，该怎么办？幸运的是，这种情况在整个旅途中都没有发生。只不过，他们得时不时地停车，到村里的鞋匠铺购买新的皮套，重新钉上。

旅程继续，但是现在车开起来没那么舒服了。链条因为变得松弛，从齿轮上滑出，他们不得不在一个铁匠铺前停车修理。村民们都来了，他们对眼前这辆仿佛从天而降的车感到惊讶。链条拧紧后，他们继续上路，直到出现下一个故障，又要停下来。这次是因为油路堵塞，汽车又一次罢工。母亲帽子上的发针正好是迅速修复故障的操作工具。在另外一次故障中，点火导线发生短路，于是"第一位长途女司机"牺牲了自己的吊袜带，把它当作绝缘材料将导线绝缘。

到达瓦尔德霍夫时，他们停下来休息，因为 8 月的炎炎烈日让这娘仨儿口渴难耐。汽车又一次把村里人吸引过来，这辆车成了他们心中巨大的谜团。没有马或者其他驮畜拉动的车居然能够自己行驶，这对他们来说简直就是个无解之谜。有些人说他们是魔术师，还有人认为车上装了发条装置。

三个魔术师再次上车，笑着把车开走。不久以后，黑森林的路开始变得陡峭，他们不得不推车前进，一推就是好几个小时。

暮色降临，没有灯，他们只能摸黑推车前行，但可不是用"蒂尔式的恶作剧"[1]。当到达山顶，看到眼前通往灯火通明的普福尔茨海姆的下山路时，"推车人"才欣喜地松了一口气。他们疾驰冲下山谷，冲向普福尔茨海姆。虽然戴着学生帽的两个儿子看起来灰头土脸的，母亲也满身灰尘，但是旅程完成了，有始有终。这是一次荣耀之旅！人群蜂拥而至，胜利到来的汽车被人们赞叹地称为车轮上的"新时代世界奇迹"。

骄傲却也疲惫不堪的母亲发电报向世界宣布："顺利到达普福尔茨海姆。"可是父亲却马上回电："立即把链条以快件寄回，否则在慕尼黑的那辆车无法行驶。"父亲的"电报刹车"真是达到了一击即中的效果。那些满怀吉卜赛漫游情结自由快乐"远行"过的人，都不愿意坐火车踏上归途。

但是，父亲的"刹车"本意并没有那么糟糕。父亲在得知三人偷偷出走的消息后先是震惊，然后对他们干出

---

[1] 原文为 nach der Methode Till Eulenspiegels，直译为"以蒂尔·奥伊伦施皮格尔的方式"。蒂尔·奥伊伦施皮格尔是德国民间故事里著名的爱搞恶作剧的人物，曾经不牵缰绳就让马听话并乖乖地跟着他走。——译者注

的事情暗自感到骄傲。于是，几天后，他寄来了一副新链条作为替换。有了新铰链，除了几次不得不停下来推车的"小插曲"之外，回程的汽车旅行也变得精彩且充满欢歌笑语。

这个故事的教益在于："发动机的功率还不足以用于山地行驶。"因此，父亲后来欣然同意三位实践者的改进建议，在汽车上安装了第三挡，用于上坡行驶。

新车在1888年慕尼黑展览会上荣获金牌

我曾多次在汽车文献中读到，在1888年慕尼黑内燃机与做功机械展览会上首次公开展出了一辆汽车，它就是奔驰汽车。可以肯定的是，这是一辆奔驰汽车，但它并不是第一次展出。早在1887年，我就在巴黎展出过一辆汽车。只不过，当时我作为参展新手就像一朵隐蔽绽放的紫罗兰。所谓"隐蔽"，是因为当时在展会上，站在车旁的我，无人关注。这当然不是车的问题，而是我自己的问题。因为它最有辨识度的特征就是"自行移动"，这一"无马"特征让车在行驶中大放异彩。我当时真应该现场展示一下"无马"行驶。这一疏忽造成了展览无果而终。慕尼黑！就是这里，在巴黎错过的东西，在慕尼黑一定要弥补。于是，我去找警察局长，请他发放驾车许可。起初，他很惊讶，但对"自行移动"的汽车并不感兴趣。我向他保证不会有任何危险。尽管如此，他仍然不愿承担这个责任。这辆自行移动的车对我来说不仅仅是一台简单的机器，它实现了我年轻时所有的希望和发明者的梦想。这时，我把警察局长当作一个普通人，而不是一个官员，我问他："您真的想阻拦这项为人类提供新型交通工具的发明吗？"在反复交涉之后，我得到了每天在慕尼黑马路上行驶两小时的非正式许可。非正式许可！这意味着，行驶中如果不出现事故，这位好心的警察局长就会放任我们不受干扰地行驶。但如果这辆危险的车发生事故，这位严厉的警官就会无视这一许可，毫不留情地追究我的责任。我像个孩子一样为这位警察局长的智慧策略喜出望外，我们每天都在慕尼黑高高兴兴、自由自在地兜圈行驶几个小时。

对于展览会的外来参观者和慕尼黑当地人来说，这真是一个惊喜！无尽的惊叹！这辆"自行移动"的车子就像一个奇迹受到大家的欢迎，被欢呼声包围。1888年9月18日的《慕尼黑日报》写道：

不用加热蒸汽产生的动力，也不像自行车，该车毫不费力地向前行驶，走过所有弯道，避开迎面驶来的马车和众多行人，人群气喘吁吁地紧追其后。所有过路行人看到这一幕都难以自制，赞叹声不绝于耳，他们简直不敢相信自己的眼睛。装在座位下面的汽油发动机所提供的动力，在我们亲眼所见了测试成功的情况下完美地证明了自己。

这款新型汽油车还在技术界引起了轰动。毕竟，它是有史以来第一辆在德国展览会上展出的同类产品。它的成功超出了所有人的预期，它赢得了展览会主办方颁发的最高奖项。荣获"大金牌"之后，这个展会上的新秀荣归故里。

图35　1888年慕尼黑汽车和工程机械展览会的"大金牌"。

来自法国、英国和美国的首批买家

与此同时，汽车的车身变得更美观、舒适，于是，汽车在以马车为身份象征的社会中有了展示自己的机会，行驶在众人眼前。水平飞轮被垂直飞轮取代，滑阀开关被气门开关取代。我的车已经可以开到奥登瓦尔德高地，越过莱茵河直到哈尔特山脉高地。无论我走到哪里，都会引起众人的惊叹和赞美。无论在城市还是乡村，汽车都会引起轰动。然而，在我的祖国——广袤的德意志，却没有一个购买者。

1887年，来了一个法国人，他是巴黎人埃米尔·罗歇先生。罗歇曾经对使用本茨固定式二冲程发动机很有经验，因此，他觉得自己也应该尝试一下新款奔驰汽车。于是，他来了，看了看，然后下单购买了，先买了一辆，然后买了几辆，最后又买了很多辆。1888年3月，我去巴黎的时候，在庞阿尔和勒瓦索尔公司还见到了其中的一辆。勒内·庞阿尔和埃米尔·勒瓦索尔收购了我的固定式二冲程发动机在法国的专利权，他们对无马汽油车表现出浓厚的兴趣。在勒瓦索尔亲自陪同下，我驾驶那辆车穿过了巴黎的大街小巷。通过这次难忘的驾驶，我可能不仅仅推动了后来的庞阿尔和勒瓦索尔汽车厂的成立，还为我的汽车获得大众认可和公众评价铺平了道路。

现在,一辆又一辆汽车正驶向巴黎。法国对汽油车的需求变得如此之大,很快,我就无法满足所有的订单了。工厂规模不断扩大,我们还成立了专门的汽车制造部门,该部门有50个员工专门生产汽油车。除法国外,英国和美国的买家也陆续到来。

然而,与法国和美国对出现在文明世界中的汽车报以热烈欢迎的态度不同,在交通工具方面一向善于研究的英国却还被旧时传统所束缚。当第一个买主想要在伦敦的大街上行驶时,这个新型交通工具立即得到高级警官的关注,汽车不得不停下来,莫名其妙的乘客被迫下车,被带到警察局。在警局,警察郑重告知他们:"你们触犯了法律。"乘客问道:"请问犯了什么法?"警察回答说:"道路机车法。"

可以看出,19世纪初,我的汽车在英国乡村公路上隆隆行驶的时候,被简单地归入了"蒸汽汽车和蒸汽公共汽车"一类的公路机车里。

"蒸汽汽车"在它的发展历程中不仅要与技术难题和恶劣路况做斗争,更为糟糕的是,它还要与当时敌视汽车的舆论进行抗争。例如,英国人格尼在1831年放弃了行驶,原因是每8英里(约合12.87公里)就要缴纳22先令的过路费（即每公里2马克）。此外，马车夫、马匹所有者和驿马车车主争强好胜的嫉妒心；短视的警方规定条例；为了迎合民众心理，媒体也跟着起哄；民众情绪被煽动起来，他们把碎石、木块还有铁块扔到被故意破坏的道路上——所有这一切对于蒸汽动力的后起之秀来说都不算什么，对其施以毁灭性打击的是1836年臭名昭著的英国"道路机车法"。基于蒸汽汽车所发生的几次事故，铁路公司通过一项法律，对"普通公路上的蒸汽汽车"宣判了死刑。这个表现出愚蠢的国家"智慧"的"光辉"文件规定：首先，"无马汽车"只能以每小时3.2公里的速度在城镇中行驶（在开阔的公路上最高时速为4公里）；其次，每辆无马汽车前方100米处必须增设一个成年男子，手持红旗，以向行人和马车夫发出警报。这项法律意味着蒸汽汽车注定没有未来，而铁路机车则大获全胜。

直到19世纪末，这项"道路机车法"对于当时出现的新型机动车来说，仍然像一个巨大的障碍横亘在前行的道路上。到了1896年，有关轻便机动车的新法律才废除了汽车慢速行驶的规定。

总而言之，要让英国人承认德国汽车的成功并不容易。《每日邮报》曾向我们驻伦敦的代表发出挑战，要求他驾驶一辆我们的汽车，行驶100英里（约合161公里）且不能出现任何损坏和运行故障。为了消除公众的疑虑，我们的代表驾驶着最小、最便宜的奔驰汽车（单缸发动机，2.75马力），带着两位乘客和一位英国汽车俱乐部的官方检查员，从伦敦出发，经阿克斯布里奇和斯托肯彻奇到牛津，再返回伦敦，全程100英里。有些路段路况良好，有些路段路面松软，路况差，坡度也不小，但这辆小车以13.5英里（约合21.74公里）的平均时速顺利地驶完了全程。1899年10月18日的《每日邮报》向我们表示祝贺，并意味深长地写道："奔驰汽车虽然是德国制造，而且价格低廉，但运行出色，行驶100英里的过程中没有出现任何损坏和故障。"

与《每日邮报》文章的刊登差不多同时（1899年12月29日），法国最重要的体育报纸《自行车报》也刊登了一篇文章，这篇文章可以说明，与英国的评判相比，法国本土对这辆自行移动汽车的认可是多么毫无保留：

在本次汽车展上展出的所有汽车中，我首先要提的就是获得奔驰公司授权的"巴黎之家"车厂生产的著名奔驰系品牌 L'Eclair 舒适车型。

低廉的价格使每个人都能够买得起这样一辆汽车，该车的操作相当简单，只需较短时间就可以毫无畏惧地开着它去长途旅行。

还有什么比下面刊登的一封客户来信更能证明一个品牌的质量呢？

拉博雷先生：

我很荣幸地告知您，到今天为止，我驾驶我的L'Eclair汽车已经行驶了9 000多公里，我所等待的运行故障落空了。

我希望在1月份，也就是我开始下一次旅程之前，能够向您展示这辆车。

F. 德·拉佩罗，车主

1899年12月25日于法国厄尔-卢瓦尔省

虽然德国没有"道路机车法"，但公众舆论还是成了一道障碍，其愚蠢程度绝不逊于英国的情况。一直以来，我的发明在德国都被视而不见，可能是因为我"只不过是个德国人"。遗憾的是，《汽车世界》第15卷第11期中有一篇关于"伟大人物及其评判"的文章，其中所论述的观点丝毫没有言过其实：

在此，我们不想再赘述本茨、戴姆勒、齐柏林伯爵在创业之初不得不与偏见、嘲讽和敌意单打独斗的事，他们极少得到公众和资本的支持。多年来，国家持怀疑和犹豫的态度，对他们冷眼旁观，让所有这些发明创造仅凭个人能力和运气去发展。

然而，新型汽车在德国也很快就被大家关注到。它越来越多地出现在大街小巷和交通要道，吸引着公众的目光。只要回忆一下第一次远途试驾和第一次在公共展览会上亮相的情景，就知道它得到了多大的关注。

三段式传动轴的安装

早在 1884 年，我就想造一辆四轮汽车。但是车辆的转向问题令我作难。我从一开始就拒绝大家所熟知的通过转动整个前轴来转向的马车转向方式，原因如下。

第一，这种转向方式需要很大的力。每个前轮都在一个直径等于前轴长度的圆周上运动。这个过程中需要克服的路面摩擦阻力非常大，这个阻力作用在相当于前轴一半长度的操纵杆末端。如果路面上有一块石头，就会突然产生一个很大的冲击力，这对拉车的马匹来说可以轻松应对，但对汽车驾驶员来说就很难应对了。

第二，这种转向装置在转弯时的稳定性会降低。直线前进时，四个车轮的接触点构成矩形的四个角。在曲率较大的弯道上行驶时，车辆的支撑面逐渐接近三角形的形状。在离心力最有可能导致车辆倾覆的时刻，稳定性就会降低，而这一缺陷在高速行驶时可能会造成可怕的后果。

我不想用这种笨拙的转向形式了。我不希望自己的车成为不成熟的汽车，在每一个街角转弯时都遭遇尴尬。从一开始，转向的安全性对我来说就特别重要，这一点从我的第一辆汽车样车上所安装的差速器就可以看出来。因此，在找到解决转向问题的完美方案之前，我宁愿继续制造转向无可挑剔的三轮汽车。

也就是说，如果四个车轮在弯道转弯而不打滑，那么每个车轮都必须与该弯道曲线相切，即垂直于曲线半径。因此，轮轴的延长线必须于曲线中心点 M 处相交。正如慕尼黑车辆工程师格奥尔格·朗肯施佩格尔（及其代理商英国人阿克曼，他于 1818 年在英国注册了"阿克曼专利"）所展示的那样，也可以通过将整个前轴固定不动，将前轮置于可移动的、短的、铰接起来的轴端上，从而实现车轴延长线的彼此相交。

首先，让我们通过图 36 来了解一下原理。轴端实际上是带有两个连接臂的转向节，其中一个连接臂与车轮连接，而两个转向节的另两个连接臂则通过转向横拉杆相互铰接。向左或向右推动转向横拉杆，车轮可以转向，并且轮轴延长线在任何位置都可以相交于一个点上。这个过程只需很小的力，因为现在每个车轮只围绕自己的旋转中心转动，而阻力臂会减小到最低。图 37 中显示出前轮可以

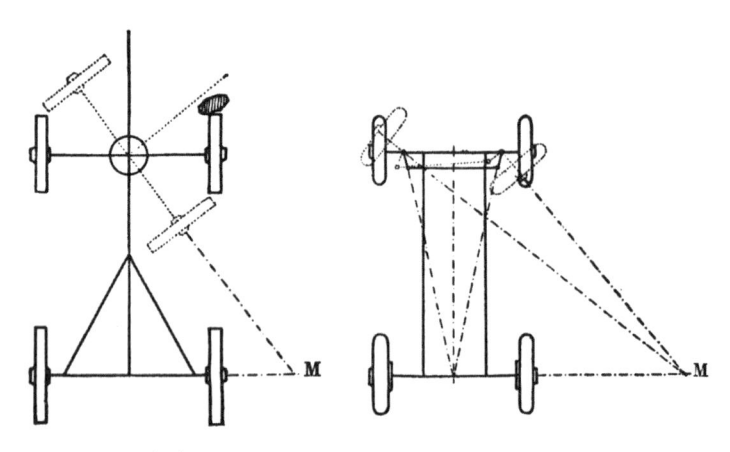

图 36　轴的延长线。

转向节主销

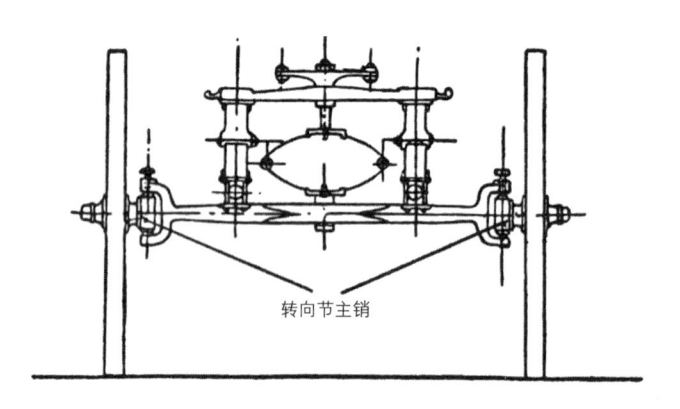

图 37　专利说明书中的缩小版图纸展示了转向节主销以及转向节连接臂的变短情况。

齿轮

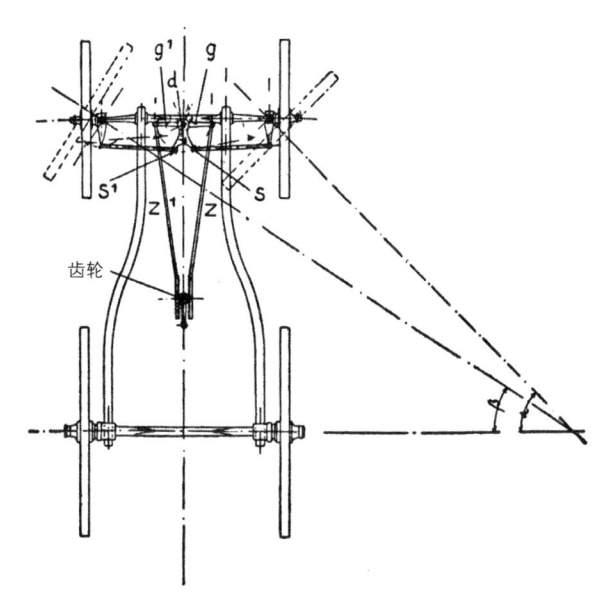

图38　第73515号专利说明书中的缩小版图纸展示了带动车轮进行必要的、向不同方向转动的连杆。

围绕哪个转向节主销转动。

19世纪90年代初，经过反复试验，我首次成功地在四轮汽车上实现了这一转向原理，并将三段式传动轴引入了汽车技术领域。1893年2月28日，我的"与车轮联动可调节转向角度的汽车转向装置"获得了专利（德国专利号：73515）。

专利说明书中展示的是向右转向的情况（参见图38）。借助方向盘转动一个小齿轮将转向直拉杆Z和转向节臂g

向后推，而 Z^1 和 g^1 则被向前推动。同时，叉形连杆 d 的两个臂 s 和 s^1 显示出同样大小的圆弧。"然而，相关转向直拉杆的运动轨迹却完全不同，在既定情况下，叉形连杆臂 s 比 s^1 的运动轨迹要大，因此，右轮或内轮的旋转幅度大于左轮或外轮。"

从这个示意图上可以清楚地看出我在转向安全性方面的未雨绸缪。即使一根转向直拉杆断裂，仅靠另一根转向直拉杆也完全能够完成转向控制。

我在转向问题方面所做的试验始终具有决定性意义，如今四轮汽车的转向系统仍以当时创立的系统为基础，这对我来说真是莫大的满足。相比之下，后来一些年轻的公司长期制造汽油车，采用的是马车上不完善的转向系统，而且没有差速器。

第一辆应用转向节进行转向的汽车名叫维多利亚（3~5 马力）。至此，汽车技术的基础部分已经完成。

"怪物"开始在乡间路上出没

"每一段旅程都有可以述说的故事",这句话对于首次驾驶汽车旅行的人来说具有更深刻的意义。我想与大家分享我记忆宝库中的几个经历。想象一下,在最古老的汽车时代,从未见过的新式车辆对于动物和人来说一定是新奇、异样的。马儿们对它们的新竞争对手并不友好,也无法理解,它们就像受了惊一样想要跑开。当汽车经过其他村庄时,孩子们蹦跳着跑回家,尖叫着大喊:"女巫的车!女巫的车!"可能是害怕邪灵,他们迅速关上身后的房门并插上门闩。一位来自黑森林地区的妇人在我面前不停地在胸前快速地画十字,好像我就是恶魔的化身。还有一次,一位妇人惊慌地大喊:"车跑了!车跑了!"老话说,马可以跑。可是一辆汽车能跑,这对于我这个让车跑起来的人来说,也是个新鲜事。

恐怖的"魔鬼之车"也让许多忠厚老实的普法尔茨农

民感到害怕。当我开着半敞篷汽车经过奥登瓦尔德的偏远地区时,我不止一次地发现,农民看到我这个行走的东西以后,由于惧怕而扔下自己的马车,一头扎进农田,躲在那里或藏进附近的森林,直到这个怪物从眼前消失。

后来,情况发生了变化。乡间路上再次出现"怪物"出没事件。只是这一次,我从主动角色转换成被动角色。充当"邪灵"的不是我的车,而是那些农民,他们挑衅地站在前方,以飞来的碎石迎接我们,他们用这种方式表现自己的无所畏惧。

我的第一批顾客第一次驾驶汽车出现在公众面前时,也有和我非常相似的经历。例如,德累斯顿的罗伯特·福维克先生购买了一辆"维多利亚奔驰专利车",他在1918年7—8月的《发动机》杂志上写道:

尽管如此,我还是驶上了厄尔士山脉的陡峭坡路,博得了公众的赞誉,当然也并不乏批评者。这辆车被估价不超过400马克。

在此后很长一段时间里,公众都直接称这辆车为"本茨汽油车"(Benzine),"汽油"(Benzin)一词也来自"本茨"(Benz)这个姓氏,名称之间的关系有着深厚的意义。就算研究这辆车的人被尊称为工程师先生，不管他的技艺有多高超，如果他无法让车在乡间路上行驶自如，甚至不得不用牛来牵引，他肯定也会被嘲讽，被幸灾乐祸地讥笑，而在众多的围观者当中，没有一个会伸出援助之手。

就算如此，也好过接下来的日子。那时，我们与路上的行人其实很少接触，却会因为汽车行驶时产生的恼人的飞扬尘土而遭到身后路人的恶语相加，他们希望汽车快开走，到别处去。面对这些恶言恶语，汽车仍然以其原有的速度从这里驶过。

现在，巴黎时尚来了。汽车在巴黎曾经被称作"无马车"，现在，这个称呼被更有吸引力的名字"汽车"（Automobil）取代，宣传海报上同时出现的还有驾驶它的"汽车司机"（Chauffeur）。那么，旧时流行的"汽油车"老词新用如何？

来自德国、匈牙利和波希米亚的首批买家

随着汽油车知名度的扩大,并在1888年慕尼黑展览会上第一次取得巨大成功,荣获"大金牌",可以预期,德国顾客和业界人士对这种新型车辆的兴趣会生根发芽。

没错!终于有德国人想买车了。我的同事们摩拳擦掌,为这个带来希望的开端而高兴不已。购买手续都已完结。但几天后,购车人的父亲宣布购买无效,因为他的儿子最近精神不正常,无法对自己的言行负责。实际上,这第一位德国买家未等车子交付就被送进了精神病院。我觉得这是个"不祥之兆"。我的好朋友们却开始自诩为预言家,并开玩笑似的向所有汽车买家预言了类似的命运。

然后,又来一个顾客!

他自认为是将死之人。"我死之前,"他自言自语道,"我还想感受一下生命中最极致的体验。"他认为在驾驶汽

车时可以感受到这种最极致的乐趣。于是,他来了,为自己买下人生最后的乐趣,并为此几乎花光全部积蓄。留着财富有何用?反正也时日无多!他开着车就走了。

他开着,开着。死神被他甩在身后,无法追赶。这位买家得以继续享受生命以及"最后的人生乐趣",天知道他享受了多久。他过于急切地将他对生命的希望连同一生的积蓄一并抛弃。他失算了,但很快就释然了。

让我记忆犹新的是,首批买家中有一位女教师。她从匈牙利远道而来,就是为了能亲眼一见"曼海姆奇迹"。她兴奋不已,遗憾的是,她的财力与她的热情不成正比。但热情洋溢的女人们总有办法。她很善于把自己的热情传递给同事,让他拿出手头全部的现金买下一辆车。那是一辆1888年生产的汽车。我的儿子欧根曾经带着它先乘火车到达维也纳,再从那里开始,开上这辆"自行"车继续旅行。通往匈牙利的大道无疑是一条独一无二的"凯旋大道"。当车驶入普雷斯堡(今斯洛伐克首都布拉迪斯拉法)附近的索姆林时,到处都洋溢着欢乐的气氛,人们还立起了"荣誉门"和"凯旋门"。头戴花环的盛装少女向它致敬,在人们的欢呼声中,这辆车很快就变成了花车。

这两位买家后来是否驾驶他们合买的汽车共赴幸福生

活,我一直不得而知。

来自波希米亚赖兴贝格(今捷克共和国第六大城市利贝雷茨)的冯·利比希男爵是一位钟爱汽车的买家,如今他自己也拥有一家汽车制造厂,他是汽车业界极具勇气的开拓者之一。我的维多利亚汽车与男爵相处甚好,他们相互理解,如同两把音叉般彼此和谐。在1 200公里的长途旅行中,这两个朋友向正在倾听的世界发出维多利亚的呼唤,从而让更多的人知道了汽车是什么。有一次,他甚至把摩泽尔河畔的贡多夫之行写成了一本书,并把书赠予我。每当男爵到访,向我们讲述他的旅途经历时,全厂人都感到很高兴。如果他还有厂医在旁,以及他的工厂牧师——一位拥有永不枯竭的黄金幽默感的人,那气氛就会更加热闹和欢乐。

一位来自符腾堡的邮车司机表现出了令人敬佩的远见。他听说了我的汽车,便想用机动巴士的马达声取代邮车的诗意。或许他已经过了不惑之年,生活阅历丰富,相当理智,因为当他来到曼海姆,看到眼前的汽车后,他说:"啊?这就是那个东西!我想要的是只需要按一下按钮就会跑起来的车。"这位诚实的施瓦本人的愿望超前于他的时代。因为又经过几十年的技术发展,麻烦的"手摇曲柄启动"才被电动启动器取代,这就是这位施瓦本人所期待的电动按钮。

他没有买车。因为车上没有他想象中的电动按钮,马拉邮车的诗意得以拯救。

不久以后,从巴伐利亚的慕尼黑又来了一位顾客。我的一位经常在国外游历、具有令人羡慕的知人之明的合伙人告诉我:"今天上午有一位慕尼黑的贵宾来过这里,他想购买一辆车。"中午,这位慕尼黑贵宾又来了,他透露说自己曾经是一家慕尼黑大酒店的门童。他在自己的职业生涯中赚取了可观的财富,因而得以以富人身份隐退,过自己想要的生活。开心地买下舒适型的汽车后,这位充满激情的自驾者安排了各种可行的和不可行的旅程。有一次,当他兴高采烈地驾车下山时,慌乱之中失去了对方向盘的控制。汽车偏离了道路,而且令人几乎无法相信的是,它疾驰而过,撞碎一扇商店橱窗,直接冲进了商店。这位不速之客和商店店主在这次会面中茫然不知所措。

其实,这位事业有成的慕尼黑"怪人"在与人相识时并不总是那么幸运。当他再次到曼海姆拜访我们时,恰逢施派尔大主教乘坐舒适型车也来了。在相互介绍时,这位慕尼黑人用浓重的地方口音说:"我很荣幸。"主教阁下回答道:"啊,什么!您拉肚子了?真是遗憾啊。"[1]

大家也许觉得这种奇特的误会不可能发生。然而,这些有趣的小故事却成了大家谈论的话题,成了人们相识时互相自我介绍的开心桥段。

---

[1] 巴伐利亚方言中的"很荣幸"发音听起来与"腹泻"一词相似。——译者注

请记住,你是一个德国人

自1887年起,法国进口了越来越多的奔驰汽车,戴姆勒于1889年将其在法国的专利权转让给庞阿尔和勒瓦索尔汽车厂之后,法国人就像蜜蜂扑向盛开的花朵一样扑向德国创意,汲取花蜜,酿成蜂蜜,将其出售给全世界,尤其是德国。

善良的德国人啊!他们喜欢引用美国哲学家爱默生的话,这位哲学家把发明机器和机械装置的人称为"糕点师"。但如果发明家是德国人,那么这些德国先知在自己的祖国有时候甚至不如糕点师受重视。那些抵制进步和变革的德国人向来无视德国以及源自德国的东西,即使这极大地伤害了民族感情。然而,对于舶来品,他们倒是向来双手欢迎,特别是来自巴黎的东西!对内是多么可笑地漠不关心,对外又是多么可悲而荒谬地盲目崇拜。就说一年又一年花费数百万从法国购买汽车这件事,1906年一年,

"品位之国"法国仅凭汽车一项就从汽车的发源地德国赚走了1 200万马克,这对于德国来说难道不是刻骨铭心的耻辱吗?[1]

与服装时尚行业一样,巴黎也长期主导着汽车时尚和汽车市场。由于单方面崇洋媚外、模仿外来品,以及德国大资本家迟钝又保守的态度,我们的祖国多年来遗失了多少成果,统计数字会告诉我们。无须说太多,我们只简单看看1906年的情况。这一年,法国汽车出口额1.33亿法郎,德国汽车出口额只有2 100万法郎。与此同时,法国的出口额是进口额的17倍多,而在德国,出口额和进口额(约2 000万法郎)几乎不相上下。

法国在汽车出口量上迅速超越汽车的发源地德国,其原因何在?很简单,那就是法国人接受和评估创新思想的方式与德国相比有本质区别。法国没有权衡利弊之后的轻视,没有冷酷的否定!法国设计师和技术人员沉迷于新思想的未来力量,满怀炽热的浪漫主义激情,着手研究德国汽车。这种激情之火焰不仅被理想主义的热情点燃,法国强大的、被无条件动员起来的大型企业也使这火焰日益高

---

[1] 同年,比利时向德国出口了价值近250万马克的汽车,意大利近200万马克,奥匈帝国超过900万马克,瑞士近330万马克,美国超过400万马克。——原书注

涨，向外喷射。

法国人刚刚学会如何让汽车行驶，就立即着手打造前所未有的广告和赛车文化。在这方面，法国企业家的冒险和创业精神起到了推动作用。很快，一系列光彩夺目的盛大国际赛车活动使法国汽车成为全世界的焦点。曾几何时，德国最普通的报纸都会用醒目的字体报道法国赛车的辉煌战绩，将消息传至黑森林和厄尔士山脉最偏远的小屋。德国汽车专业报刊上的很多文章和付费广告也盛赞法国产品。直到第一次世界大战，法国人花费几十万甚至上百万法郎在德国专业媒体上推广法国品牌，提升其知名度，为其大放异彩极尽所能。

最近，《亨利·福特自传：我的生活和事业》一书被人们津津乐道。这本书在德国民众中产生的影响无异于为美国福特汽车慷慨地做了一次独特的宣传。我在此处仅摘录两段话[1]，并将其进行对比分析：

> 在福特汽车中，每立方英寸活塞面积上只得承重7.95磅，这就是福特汽车从来不会失灵的原因，无论

---

[1] 亨利·福特：《亨利·福特自传：我的生活和事业》，库尔特·特辛译，莱比锡，1923年，第79~80页。——原书注

在沙地和泥地，雪地和泥泞，还是驶过水面和山路，越过田野和荒原，福特汽车都不会让人失望。

任何一个专家，只要看过送修的福特汽车，在读到这个"事实"的时候，都能会心一笑，同时也就更容易理解，为什么仅仅在下一页福特就写道，他认为在全国各地为其"从来不会失灵"的汽车储备零件是可取的：

> 各种零件应该足够便宜，要做到购买新零件比修理旧零件更便宜。这些零件应该像钉子和插销一样在任何五金商店里都能买到。

其实，人们的喜好各不相同。在我看来，只有靠零配件维修网络才能长期保持良好运行状态的汽车，并不是汽车行业值得追求的理想。

当然这都是另外的话题。我们还是回到法国人的话题上来吧，我必须要说，德国人还是被逼得抬不起头来。除此之外，德国人也从法国人那里学到一课，即一个"法国天才"如何把他的轻蔑、诽谤和谣言暴风骤雨般地喷洒给德国人。这个"法国天才"是个低劣制品：法国人付费投放并且在德国广泛流传的文章，无非充满仇恨的诽谤。这些文章通过贬低德国在科技和艺术方面的成就，试图证明德国人民精神方面的低劣，并宣扬："法国，你才是黑夜中的一缕光明！"

这个"法国天才"在客观判断方面与一篇探讨恐战心理的文章《文明科学与德国科学》处于同等的高度，而这篇文章被刊登在法国最有名的期刊《评论》上。在文章中，博物馆实验室主任阿沙尔梅博士试图用他那不可侵犯的信条来说服世界：

> 德国人当然可以评论，可以改造，有时候，当然很少见，他们还可以发展其他人的思想，可他们毕竟还是缺少创造力！只有拥有创造力才能攀登到科学的顶峰。这要靠大脑发挥作用，但德国人这里病了。

面对法国人这种具有煽动性的叫嚣和蔑视，我只有一个回答：德国的孩子们，请保护好你们祖先的文化遗产！重视、热爱、关心和保护德意志民族，用自己的创造力回馈文化世界。为了国家荣誉和经济活力，就让大选帝侯号战列舰成为对职业生活中的先驱者和富有开拓精神的发明家和发现者的希冀吧："请记住，你是一个德国人！"

德国汽车工业的蓬勃发展

如果要详细探讨汽车技术的发展,特别是奔驰汽车的技术发展,包括所有以法国名字命名的德国汽车(1892年的奔驰对座车、1893年的奔驰四轮汽车、1893年的奔驰四轮敞篷车、1896年配备双缸发动机的奔驰背靠背车、1898年配备充气轮胎的奔驰舒适型车等,一直到时速228公里的200马力世界纪录汽车),那会远远超出我这本回忆录所能记录的范围。不过,应该先谈谈我们莱茵燃气发动机厂的业务发展。1890年,马克斯·罗斯先生退出了公司。离开时,他给了我善意而友好的建议:"还是远离汽车行业吧。"

大约在同一时间,弗里德里希·冯·菲舍尔先生和尤利乌斯·甘斯先生作为新股东加入了我的公司。幸运的是,这两位男士带来的不是怀疑,而是对汽车未来力量的坚定信念。和我一样,他们也对新创意充满热情,并不遗余力地投资其中。

图39　1887年的汽车。坐在本茨右侧的是他当时的合伙人马克斯·罗斯先生。

图40　1888年的汽车。坐在本茨右侧的是考夫曼·尤瑟夫·布莱希特先生。

图 41　1892 年的奔驰对座车，驾驶汽车的是本茨的合伙人尤利乌斯·甘斯先生。

图 42　1893 年，第一位驾驶奔驰四轮汽车的是一位女司机。

德国汽车工业的蓬勃发展 / 133

图 43　1895 年的奔驰四轮敞篷车。坐在方向盘前的是卡尔·本茨，坐在车子后排的是尤利乌斯·甘斯和本茨的女儿克拉拉。

图 44　奔驰兰道尔型车。坐在右后方的是本茨的合伙人冯·菲舍尔。

图 45　1894 年，卡尔·本茨与家人以及冯·利比希男爵驾驶奔驰维多利亚车型双人座四轮汽车和对座型奔驰专利汽车前往曼海姆附近的格尔茨海姆。

图 46　1985 年的八座奔驰四轮敞篷车。坐在最后排中间的是卡尔·本茨。

图 47　奔驰公司工厂内的操作车间。

图 48　奔驰公司工厂内的发动机装配车间。

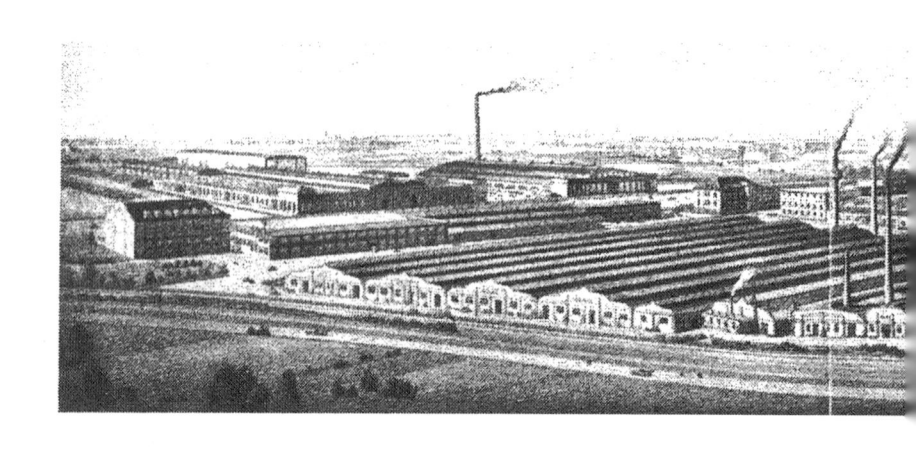

两人都是商人，性格各异，但都精力充沛，能力出众。思虑周全的冯·菲舍尔先生接手了内部商业运营的组织工作，而高瞻远瞩的甘斯先生负责对外销售，表现出色。很快，源源不断的订单就堆积如山，尽管工厂设备和工人人数都在迅速增加，但技术生产还是难以跟上销售的步伐。那时候，真是像温暖的春雨过后，遍地开花，一片繁荣。

后来，冯·菲舍尔先生患病离世，临终前他向甘斯先生和我建议，把我们的公司改为股份公司。于是，1899年，奔驰-莱茵汽车和发动机制造股份公司正式成立，作为一家股份制公司，它不断发展壮大，在随后几年中，雇用了近万名工人和管理人员。工厂占地面积超过50万平方米，在国内外设有100家分支机构。

图 49　曼海姆的奔驰公司工厂。

我们的监事会主席盖茨先生、商业委员会委员和曼海姆莱茵信贷银行经理布罗辛博士尤其值得感谢。感谢他们，他们的个人首创精神和商业方面的远见卓识成就了世界性企业。

让我们再次回到汽车工业发展的早期。19 世纪 90 年代，法国人因为买下戴姆勒授权的生产许可，成千上万辆德国奔驰汽车变成法国车，直到世纪之交，德国对这一新兴工业的兴趣也被唤醒，并且日益活跃。法国人路易·鲍德里·德·索尼耶撰写了一本关于法国最常见汽车车型的著作[1]，他毫不讳言汽油车诞生于德国，后来移民法国，并

1　请参阅两卷本《汽车理论与实践》，R. 冯·施特恩博士、A. 霍夫曼编，莱嫩，1900/1901 年。——原书注

成长于法国。他在书中写道:

这辆汽车的发动机由德国曼海姆的奔驰公司生产,实际上它是第一个用于汽车的汽油发动机,这一事实让我们有理由对这一系统进行更深入的研究。1886年3月25日,奔驰公司凭借"搭载汽油发动机的汽车"获得第一项专利;两年后,罗歇将这项专利引入法国。[1] 从那时起,人们对这种机动车进行了无数次的更新和改进,使其成为目前应用最广泛的汽车车型之一。由于发动机和其他机械装置相对较轻,重量仅为300公斤的双人座汽车得以生产。

不同的设计师大致上成功地对原来的本茨发动机细节进行了调整,但所有这些车型的整体设计的个性特征都没有丢失。明白了本节所描述的内容,就会在一定程度上明白如何对待那些所遇到的经过修改、改进,有时甚至是改坏了的奔驰汽车。

但对我这个一生深爱祖国的人来说,我的孩子在德国

---

[1] 这里指的是1886年3月25日批准的法国专利,专利号:175027。在德国,这项专利是1886年1月29日批准的,专利号:37435。——原书注

家乡最初只遇到不理解自己的陌生人，然而在法国这个异国他乡却迅速找到了阳光明媚的沃土家园，这始终是我人生中最奇特的悲剧经历和人生记忆。

十多年来，唯有戈特利布·戴姆勒和我，费尽心力要把德意志家乡建成新型工业的经济基地。直到德国人看到了成果，这个领域才在世纪之交焕发生机，国内工厂相继出现，德国对新兴工业的兴趣也开始觉醒。工厂日益增多。数百万德国资本被投入汽车行业，因为人们相信汽车会有巨大发展前景。最终，汽车制造业迅猛发展，这种前所未有的繁荣使之成为整个机械制造业最出色的分支。这就像一次狂热又伟大的胜利进军，将德国的工作能力、创造力和创业精神推向了胜利的顶峰。

第一批展览会陆续举办，第一批汽车俱乐部相继成立，第一批汽车赛事一场一场地组织起来。当然，以"最快速度"为唯一口号的赛车活动从来都不是我的理想。在德国本土，赛车也一直无法像在痴迷速度的法国和美国那样真正地普及和本土化。当然，速度竞赛对于喜欢做广告的法国人来说具有巨大的宣传力量。

当然，赛车在最初的10—15年里无疑带来了一次又一次划时代的进步。例如，在电点火与热管点火之争中，赛车支持电点火胜出；赛车帮助水冷却取得永久性胜利并使之尽善尽美；赛车淘汰了皮带这种传动介质，创造了齿轮和离合器来进行动力传输；赛车无疑是对材料的考验，没有比这更有效的方式了。然而，当速度提高到一定程度，赛车的成功不仅取决于汽车的质量，最重要的是取决于赛车手敢于冒险的胆识时，"公路狂飙"就变得不受当局和民众的欢迎，甚至在汽车行业内也是如此。

这并不是说，德国汽车工业在速度竞赛中没有戴上过桂冠！在1894年第一次世界汽车赛中，获胜的汽车安装的就是德国戴姆勒发动机。就像1903年在爱尔兰（第4届戈登·贝内特杯汽车赛，时速89公里）那样，德国梅赛德斯汽车在1908年（时速111.5公里）和1914年（时速105.5公里）的法国大奖赛上，从众多外国参赛汽车中脱颖而出，成为胜利者。1911年在美国代托纳国际汽车赛中，以每小时228公里的速度创造了最高时速世界纪录的是一辆奔驰汽车。

但是，正如我所说，极速不会成为德国汽车发展的最终和最高目标。可靠性和经济性很快就成为德国汽车制造业的口号和日常要求。

因此，德国转而开始通过可靠性试车，研发最实用和可靠的旅行车。英国肖像画家休伯特·冯·赫尔科默教授是这一运动的有力推动者。他出生于巴伐利亚，父亲是一

德国汽车工业的蓬勃发展 / 141

图 50　代托纳国际汽车赛中创造纪录的奔驰汽车,它的发动机功率为 200 马力。

图 51　图 50 中汽车的 200 马力发动机。

名木雕师。他为赛车获胜者捐赠肖像画，还为他们颁发自己设计的珍贵银质奖杯。赫尔科默汽车拉力赛于1905年、1906年和1907年连续举办三届。第一届赫尔科默汽车拉力赛的获胜者埃德加·拉登堡驾驶的是一辆梅赛德斯汽车，但在第二届比赛中赫尔科默奖被驾驶霍希汽车的史托斯博士夺走。在1907年的第三届比赛中，弗里茨·埃勒驾驶奔驰汽车重新夺回冠军宝座，从而成为最终的胜利者。

我们要感谢普鲁士的海因里希亲王，他满怀热情和理解地推动着德国汽车的发展，是他使赫尔科默汽车拉力赛得以延续。在海因里希亲王汽车赛上曾经夺冠的汽车品牌有：1908年的奔驰、1909年的欧宝和1910年的奥地利版戴姆勒。

图 52　1923 年意大利蒙扎大奖赛的奔驰水滴型赛车。该车有一个中置发动机。

图 53　在 1924 年举办于德国斯图加特的比赛中，赛车手弗朗茨·霍纳驾驶来自曼海姆的奔驰水滴型赛车，以 90.3 公里 / 小时的速度获得了第三名。

汽车是文化财富

汽车是一种文化财富吗？它不就是让大地颤抖，毫不客气地让人类满手尘土的机器吗？不，它不是文化财富。有些人反对这种新型车辆，当"文化推动者"疾驰而过时，除了尘土飞扬，他们什么也没看到。是啊，他们抗议的是新型车辆，而不是已有几百年历史的落后的乡间路——在这乡间路上，铁轮车辆行驶时磨出尘土，已然为充气轮胎的扬尘做好了准备。

后来，战争带来了创伤。从此以后，一些人不再把汽车看成扬尘的制造者，而是生命的救星。当贴着白底红十字的新型汽车把他们从危险的火灾区抢救到安全地带，使其转危为安时，扬起尘土的速度对他们来说还不够快。成千上万的人都有同样的感受。

我并不想多谈作为战争工具和救护工具的汽车，对于这一话题来说，写整整一本书都不足为奇。我想就作为文化和交通工具的汽车多说几句。我曾经准备为之牺牲一切的汽车理念，如今却以意想不到的胜利姿态征服了整个世界。对我来说，这是最令人高兴的一种人生体验。

在当今的交通领域，无论我们身处何地，汽车都会出现在人们的视野中，承诺未来，改变时空。幸运的是，在法国成长起来的高级轿车和赛车一统天下的时代，已经过去了。

不管是小型车还是大型车，不管是作为载人还是载货的运输工具，汽车在整个现代交通领域中都取得了巨大的进步。作为便捷的旅行用车，它穿梭于各个城市、各个乡村；作为医用车辆，它疾驶着去往一个又一个病人那里；作为豪华汽车，它优先行驶；它还可以是丧葬用车，陪同疲惫的漫游者走完人生最后一程。

汽车逐渐取代了马车，尤其是在公共客运和货运交通方面。在世界各大城市，汽车作为"自行移动的出租马车"（Autodroschke）替代了所有可怜的驮畜，从而拯救了它们，具体说，是拯救了拉车的马儿们。作为酒店车辆和婚车，作为救护车和救火车，作为洒水车和垃圾车，作为大型企业订货服务的送货车，作为可运各类货物的载重汽车，它都不知疲倦地履行着自己的职责。作为邮政车辆和公交客车，它与铁路网相辅相成，在荒芜的乡间路上重现旧时邮政马车的诗情画意。巴士线路为旅游业打开了黑森林地区、德国中部山脉地区以及阿尔卑斯山区的美丽山林世界。因为汽车能够轻松、安全地通过任何坡路，所以它可以在火车和马车无法到达的地方运送人员和货物。只要有文明的地方，甚至更远的地方，汽车都能畅行无阻。中国政府在戈壁滩上建立了固定的汽车交通服务；戴姆勒汽车在海外也展示了德国的机械工业技术能力；奔驰汽车则穿越印度花海和亚洲、非洲沙漠地区的沙海，自如行驶在高加索山脉和波斯高原，冲过热带地区河道中淤积的石头和沙子。

汽车成为通行世界的交通工具，其经济价值日益高涨。速度较慢的载重货车比它轻便的轿车兄弟要重，但是在交通领域里已站稳了脚跟。我坚信发动机驱动的载重汽车前途无量，因此从汽车诞生之初就尝试为载重汽车开辟并铺平道路。为了让那些摇头否定的潜在客户亲眼看看，继而改变观点，我先造了一辆货车，并用它将燕麦从曼海姆火车站运到一个批发商的仓库。满怀必胜信心的司机弗里茨·黑尔德骄傲地开着新货车前往收货人处。不出所料，预期的惊讶取得成效，但却是负面的惊讶。这位深谙其道的货运行家说道："别再干这蠢事了，我不想和这辆汽车扯上任何关系，不然马车夫再也不会买我的燕麦了！"听到这些话，我心情沉重地把这辆货车给拆了。

但是，载重汽车需要克服的不仅仅是如山一般的偏见和当时人们的众说纷纭。由于它无法像赛车那样以响亮的庆祝、胜利的欢呼声和耀眼的速度来吸引世人的眼球，它必须在繁重的日常工作中提高经济性来证明它的优势。载重汽车只能靠更快的速度和更高的效率与已有数百年历史的马车竞争。在与如今已势不可当的铁路机车的斗争中，必须以铁路网发展缺口之处为着力点，阻断其因地域和经济原因而进一步发展的可能性。杰出的专家、枢密顾问阿洛伊斯·里德勒在柏林皇家工业大学机动车辆实验室《汽车科学评估》的第9份报告中就载重汽车与铁路及其基础设施巨额投资成本之间的关系所进行的详细论述，在我看来，对我们未来的交通发展来说是非常值得注意的。报告中说道：

这种铁路系统发展的不平衡和利用率低的特点，已经体现在煤炭成本上，煤炭成本是运营中变量部分的衡量标准。即使在运输繁忙的大型铁路上，煤炭成本也只占总管理费用的5%~10%。设备、管理等方面的固定成本远远超过了这一比例。

如果那些100多年来只扩建而没有实质性改善的

道路得到改进，用于大众交通，并且交通组织得当，那么汽车也可以在大部分货物运输中获得更为重要的意义。现在，人们没完没了地扩建小型铁路网，耗资巨大；相比之下，人们应该正确、及时地尊重实际情况，把巨额国家资产以更有效和对国家更有益的方式投资在其他地方，而不是去建设支线铁路。

汽车的发明者

一旦一个发明思想成为现实,在人类与机械世界普及开来并得到荣誉和威望,那么世界各地的人很快就会纷纷前来介绍自己,说自己是这位著名的世界公民的父亲或祖父。对于汽车来说,别无二致。

这也并不稀奇。问题首先在于,人们如何定义"发明者"和"汽车"这两个概念。如果发明者就是指那些其发明物的每一个细节都必须由自己发明的人,那么就不存在齐柏林,也不会有詹姆斯·瓦特。这样就不会有什么现代发明家了。在歌德的《浮士德》中,梅菲斯特向所有发明家呐喊:

> 特立独行的人,唯愿你一帆风顺!
> 一旦有所觉悟,你会悔之晚矣:
> 谁又能想到什么傻事或聪明事,
> 是前人没有想到过的?

另一方面，如果每辆不管是用发条装置驱动，还是用蒸汽或者燃气发动机来驱动，但从未投入使用的试验车都算作汽车一类的话，那么汽车发明家大军可谓浩浩荡荡了。如果我们更准确地问"谁发明了汽油车"，那么这支队伍就会小很多。而且，只有极少数人在面对"是谁真正使汽油车可移动、可操作，并迫使拒绝它的人接受它"这个问题时能经得起考验。

1807年，当军官弗朗索瓦·伊萨克·德·里瓦兹在制造第一台使用内燃机的"汽车"经历了失败的尝试后，他清楚地认识到要解决汽车问题不是一朝一夕能做到的。否则他也不会在报告结尾表示，祝愿在他之后的其他人会有更多好运。

法国人经常试图将发明或创新的荣誉归于自己国家。他们声称，早在1863年，燃气发动机的发明者、法国机械师勒努瓦就制造了内燃机汽车；1868年，皮埃尔·拉威尔也制造了内燃机驱动的汽车，更为准确的说法应该是"据说是内燃机驱动的"，因为每个人都可以根据枢密顾问里德勒在《汽车科学评估》的第10份报告中对勒努瓦发动机的评价，去了解勒努瓦汽车（法国人喜欢称之为"第一辆汽车"）的可操作性。

勒努瓦发动机没有气门，但噪声巨大，这并不是因为它的控制系统不好，而是因为驱动装置存在缺陷，还有冲程变向之后才点火的操作方法。发动机完全失灵，无法投入使用。就算驱动装置没有问题，排气滑阀也会在几小时内因蓄热而导致温度迅速升高，从而失灵，即便发动机在足够润滑的情况下运行，也会如此。

这几种车都只是初步尝试，充其量只能与蹒跚学步的孩童相提并论。它们不具备可行性和未来潜力。美国人G. B. 塞登则于1879年5月8日递交了专利申请（编号：549160），于1895年11月5日获得批准。他的专利作为专利局的争议对象所引起的轰动，比交通生活中实际应用的车辆还要大。

这是因为塞登所申请专利的想法仅仅是纸上谈兵，从来没有进入实际操作阶段。它是一台公路机车，"重量轻"[1]——没错，很轻，因为它不存在，所以根本就没有重量。

---

[1] 完整内容为："我的这项发明的目的是生产一种安全、简单、廉价的公路机车。它重量轻，易于控制，并拥有足够的动力来克服任何斜坡。"——原书注

最近有人提出，加入奥地利国籍的德国梅克伦堡人西格弗里德·马库斯虽然在内燃机上进行了重要的创新实践，但是这位富有发明思想的发明家所设计的汽油车同样不是解决汽车问题的可行方案。马库斯汽车对于一辆"自行移动的车"来说有个不可饶恕的错误，那就是它"从未真正地想跑起来"。马库斯本人对自己这辆试验车的实际运行能力也没那么有信心，因此直到1895年去世前，他都没有再继续研究这个"无望的东西"。所有这些发明实验都是萌芽，这些萌芽在它们那个时代的贫瘠土壤中没能继续成长，而是枯萎了。

人们还必须明白，那个时代的技术根基还没有成熟到能够解决各种各样的问题。我们只需要想想点火系统，它是发动机最重要的部件。当时，电子技术的发展还不足以提供必要的小尺寸汽车专用点火装置。拿我自己来说，从1878年开始，我做了各种可能的尝试，有时用小型发电机和电池点火，有时用磷化氢和催化剂。在磁电点火装置专业工厂林立的今天，很难想象当时需要克服多么大的困难，即使在我找到并测试了用于固定式二冲程发动机的可靠电点火系统之后，也仍然有很多困难。戴姆勒从一开始就使用热管点火装置并非没有意义，直到1898年因其危险性才被警方禁止使用。

我并不愿意否认法国人在后来汽车发展中所取得的巨大功绩。但是，对法国人在进一步完善汽车构造方面的功绩表示认可的同时，为求真理，我们必须说：汽车不是法国人的发明，而是德国人的发明。在第一次世界大战后的普遍恐战心理尚未扰乱心智的时代，有一位杰出的法国专家说过一句很接近历史真相的话。他就是路易·鲍德里·德·索尼耶，在《汽车理论与实践》一书中（请参阅该书第 111 页），他这样写道：

> 有两位伟大的实践家，尽管他们的发明在很大程度上要归功于工程师勒努瓦，但所有现代设计师都曾师从这两个德国人：卡尔·本茨和戈特利布·戴姆勒。

所有设计师都曾师从德国人戴姆勒和我，没错。但是这两位"伟大的实践家"在很大程度上要感谢勒努瓦的发明，这是一个必须纠正的错误说法，因为正如我所说，勒努瓦发动机从来就不适合用作汽车发动机。同样也有两位德国人，他们不仅打下了必要的理论基础，还从实践上加以完善，他们就是四冲程发动机的创造者：尼古劳斯·奥托和克里斯蒂安·赖特曼。这里说的仅仅是基础！因为就驾驶目的而言，固定式奥托发动机有重量巨大、转速低、对燃气站的依赖性等缺陷，所以还不能作为汽车发动机，这是不言而喻的，无须多言。

有些文献中说我曾在奥托的道依茨燃气发动机厂工作过多年，这与事实不符。在我看来，技术史上记载的东西有时是虚虚实实、真假难辨的。

只有在结束繁忙工作下班后，我才有闲暇和机会稍微读读历史，所有关于汽车发明方面的内容都会让我颇有感触。这里我不得不说，"传说女士"开始用轻柔的手指在我工作和生活的画布上编制虚构的丝线。比如，我根本不知道我曾经是戴姆勒的"工作伙伴"。还有人说，在道依茨燃气发动机工厂，戴姆勒和我曾经对制造燃气发动机充满热情。然而，无论燃气发动机的发明者奥托，还是他的合伙人朗根，都不认可我们俩关于汽车的想法。因为这两位老板都不愿意参与实现我们的计划，所以我们只好自力更生，离开工厂，自立门户，一个在康施塔特，另一个在曼海姆。我不知道写这些的人都是从哪里听说这些事的。无论如何，我从未在道依茨工作过，也从未当过"戴姆勒的前同事"。

众所周知，美国人亨利·福特凭借其强大的组织才能，从经济性方面对汽车进行了前所未有的开发。尽管福特在其自传中对工作差异化、"泰勒制"、"服务原则"等的叙述很有趣,但在描述汽车的历史发展时,他犯了一个错误,我想指出来,以免它被写入历史。

福特首先讲道,他在1892—1893年期间制造了他的第一辆汽车,1896年制造了第二辆汽车,然后继续写道:

> 与此同时,美国和欧洲的其他一些人也在着手制造汽车。早在1885年,我就听说,一辆德国的奔驰汽车在纽约梅西百货商场展出。我专程去看了看,但它并没有什么特别吸引我的地方。

就我而言,我在1884—1885年期间制造了我的第一辆汽车(比福特早8年);1888年,我在汽车的最初结构设计方面获得了几项美国专利,并在90年代初期向美国和墨西哥出售了第一批汽车。在这种实际情况下,"与此同时"一词从历史角度看是否以及有多恰当,我想让读者自己去评判。

还有一个作家写信对我1855年前后在曼海姆发明的用氧氢爆鸣气和电点火的汽车发动机表示敬意。不过,这种发动机的工作性能很差!这一点我确信!因为当时我才11岁。那个氧氢爆鸣气实验是不是我在文理中学时的小实验室里进行的,还有后来我在发动机上用磷化氢所做的点火实验是不是我少年童话的动因，谁知道呢！

不过，我并不反感这类传说，因为我自己也有一定的责任。对很多关于我的生平与事业的询问，我大多不予回答，因为我不想一遍又一遍地重复同样的文字。只有报业大亨们亲自来到我位于乡村的工坊，对我搞"突袭"，我才发声，给予回答。这可能导致口口相传时产生遗漏，而这些遗漏后来被其他人发挥自由联想并大胆地进行了补充。

当时，我在一本技术辞典中读到了这样一句奇怪的话："曼海姆的本茨在同一时期虽然也开始制造汽车，但这位发明家在多大程度上独立于戴姆勒进行工作，我们不得而知。"

我一生中从未与戴姆勒说过话。有一次，我在柏林远远地看见过他。我本想当面与他认识一下，但当我走近时，他已经消失在人群中了。

另外，那些了解并见过我们二人各自的第一批机动车辆的人肯定会立刻确信，我们采取了完全不同的技术途径来解决问题。我们各自独立，互不依赖。戴姆勒在一辆带有"悬挂式弹簧平衡轮"的两轮摩托车上安装了用热管点火和风扇冷却的发动机，后来又在无舵柄的马车上安装了这种发动机。我却是在供多人乘坐的三轮车上安装了电点火和水冷却的发动机。

我开着我们的汽车第一次公开上路亮相的时间点也证明了我的发明的独立性合乎事实，不容置疑。我把每日新闻中一些有关首次公开试车的摘要拿出来做个比较。

关于戴姆勒汽车：

《施瓦本纪事报》

1888 年 8 月 16 日，星期四

……目前，试验扩展到公路交通工具，即一种无马拉、无舵柄的车辆……

《斯图加特新闻日报》"城市与乡村"专栏

1888 年 10 月 25 日，星期四

康施塔特：10 月 23 日。今天中午，一辆装有戴姆勒蒸汽发动机的精美雅致四座汽车在本市几条街道进行了试驾，参加试驾的有警长休伯特和政府建筑专员科勒。据报道，不久之后，还将在斯图加特几条交通繁忙的大街上试驾一辆安装其他安全装置的汽车。

关于奔驰汽车：

《新巴登报》

1886年6月4日

对于三轮汽车运动爱好者来说,看到这则新闻可能会意兴盎然,本地公司——奔驰公司的一项新发明推动这一领域取得巨大的进步。……

《新巴登报早报》"城市与乡村"专栏

1886年7月3日,星期六

正如我们此前报道的,由奔驰公司莱茵燃气发动机厂设计的一辆用石油醚气体驱动的三轮汽车于今晨在环路上进行了试车,试驾结果令人满意。

关于"用燃气发动机驱动的公路车辆"的报道:

《曼海姆市及周边地区每日导报》

1886年9月5日,星期日

这种车不止拥有快行车的用途和特点,可以在平坦、维护良好的乡间道路上休闲行驶,更重要的是,它像伯尔尼单驾马车这种老式车辆一样,不仅可以在中规中矩的道路上行驶,还可以载货爬坡,例如,商务旅客可以带着他的样货轻松地从一个地方开到另一个地方。

通过比较可以看出，我的机动车比戴姆勒的机动车见诸公众早了足足两年。

至于戴姆勒的摩托车，根据《庭园》杂志1889年第9期的一篇简讯，"这种交通工具的首次成功试驾是在1886年11月10日于康施塔特进行的"，也就是说，并未早于1886年7月3日。1885年8月29日的第36423号专利只涉及单轨摩托车和雪橇车，而不是"各类马车、船只和飞行器"，关于这一点，记载有误。

我这么说并不是要主张摩托车的什么优先权。恰恰相反！我坦率地承认，根据我以前使用自行车（1867年的老式单车，在搓板路上骑行，能把人震散架，因此得一诨名"震骨机"）的经验，我认为发动机驱动的两轮车完全不可能。

今天，纵观汽车发展史，我们可以自豪地说，是两位德国人赋予人类第一辆摩托车——戴姆勒和迈巴赫。世界汽车发展中诸多方面因为他们二人创造性的发明而取得了重大进步。

与此相比，我可以毫不自夸地说，是我制造了第一辆装有电点火装置、水冷却装置和差速器的可行驶、可乘坐多人的汽车，并首次公开进行展示。1886年1月29日，我获得了"可搭载1~4人的燃气发动机驱动的汽车"的专利。

80 岁生日

人生就是这样!

攀登得越高,周遭环境就越显得孤独、寂静和冷清,正所谓高处不胜寒。一些想一起攀登高峰的人,在穿越童年和青春时代鲜花盛开的草甸山坡时就掉队了。很多人跟不上队伍,是因为道路变得陡峭,需要攀爬悬崖峭壁。对大多数人来说,高处崎岖不平的车道成了他们生命的墓地;只有极少数人能够达到顶峰和山脊,正因如此,冰峰雪山上才那么孤寂和清冷。如果至少还能遇到一个曾经在青春花园里,面颊红润,或者手捧欧洲百合,与我们一起站在人生起点的人,那真是一件值得庆幸的事。我环顾四周,但是没有看到一个青春时代的伙伴。就像学生们都爱唱的一首歌曲《哦,昔日的少年荣耀》里所写的那样:"我徒劳地四周张望,再也找不到他们的踪迹!"

然而,后来真的有一个人,他代表我那青葱年代的优等生同学、我亲爱的朋友、巴登议会议员 L 给我写信。这个人是他的女婿、巴登司法委员会委员 W。他写道：

> 很遗憾，我的岳父、您的中学同学，不再能够向您表达幸福的祝愿了。如前文所述，他已于 1919 年 12 月在这里去世。他到最后还在心里惦记着儿时的朋友。

孤独从来不会像 80 岁生日这样的重要纪念日一样，如此痛苦地成为记忆的焦点。这肯定就是为什么 80 岁的寿星喜欢先去看看来自其他 80 岁老人的祝福信件。在我 80 岁生日时也有人想到了我，尽管不是青春时代的伙伴，但他是来自曼海姆熟人圈子的一位 80 岁老人。他就是我第一个工坊的一位可爱、忠实的邻居。这位老马掌匠写道：

> 我清楚地记得，大约 40 年前，您对我说："F 先生，我必须得抢您的生意了。"我说："这是什么意思？"然后，您说："以后人们不需要马匹了。"我又说："那就现在吧，不要拖到明天，因为马被钉好蹄铁的话，我的钱也就跟着它一起跑了。"

这位曼海姆老邻居写的话是真的。他心地太善良了，很多来给马钉蹄铁的人都敷衍这位好心的师傅，该付钱的时候不付钱。

当时我就预言了"马车时代"的终结，这至少说明我是如此坚信自己的发明对人类文明具有划时代的意义。今天，世界上有2 100多万辆汽车在行驶，随着马作为驮畜变得越来越昂贵，载重汽车发动猛烈攻势逐渐将其取代，在这种情况下，也就不难推算我的预言完全实现的日子。到那时，保养良好、使用频率低的马在人们眼里可能会像远古时期的活化石一样，令人禁不住惊叹又禁不住笑，就像他们曾经对我和我的汽车表示惊讶又带着嘲笑一样，仿佛我们是来自《天方夜谭》的童话故事。

80岁生日简直就是一个小魔术师，看似早已渐渐淡忘和消逝的记忆，又被它变了出来。人们听到钟声，听起来就像圣灵降临节清晨那孤寂高地上的钟声，这时附近村庄教堂和远方城市大教堂的塔楼传来了钟声，它们相互寻觅，寻到彼此，形成和谐的节日和弦。是的，在这样的日子里，记忆随着一声声钟声苏醒。我从国内外收到了数百封祝寿信，每一封电报和每一封信函都让不同的记忆如歌声般在我心中回响。长期以来，我一直站在对抗陈词滥调与舆论偏见的最前线，从未过分在意外界的荣誉和嘉奖。

我最喜欢的嘉奖一直都是父母赋予我的天性。然而,尽管我自知有此天性,从而宠辱不惊,但连续两天络绎不绝的生日祝福还是触发了我内心浓浓的喜悦之情,这种心情就像圣诞树上耀眼悦目的闪烁灯光。几乎每个生日祝福都重新点亮了一盏记忆的小灯,照亮了我漫长人生旅途的每个角落。其中首先是我昔日的"学徒",他们如今作为能工巧匠、驾驶员、主管来向他们的老师傅祝贺生日。

> 我需要利用这个机会,怀着敬爱与仰慕之情向您说:我是多么的幸福,能在您的带领下,在本茨工坊度过我的学徒时代!在工作意志力和工作热情方面,您一直是我的光辉榜样。
>
> ——B 经理

在来自工人和同事圈子那些以散文和诗歌形式写成的信件中,最令我感动的是这样一段仿佛从墓地中说出的话:

> 博士先生,请允许我以我亲爱的父亲——一个逝者的名义,为您的 80 岁生日送上最真切的祝福。
>
> 祝愿您除了工作上的伟大成就外,还可以在晚年从您以往同事的感激之情中找到特别的满足。

我能够生动地回忆起，父亲去世前曾给我讲过您第一次试驾时的很多逸事。时至今日，我的母亲还常常聊起您那时的坚韧和不知疲倦的工作热情，同时还有您那正直善良的心，和您那慷慨大方、坦诚的行为方式。

如果我今天能够向您，敬爱的博士先生，提出一个请求的话，我想请您介绍那个时代，那个艰辛的年代——80年代的成功和挫折，通过您的勇敢担当之手，传达给后世。未来也需要榜样，这个榜样就是您这样有自我牺牲精神并且凭借坚韧不拔、不屈不挠的工作热情直指专业焦点的人。

这样既可以激励很多人，也能引领我们重新走向一个更为光明的未来。

——W. S. 博士

最让我感动的是工人和职员的信件。那些像我一样不畏风雨、从基础培训做起的人，都会比只从道听途说中了解贫困阶层的艰辛和烦恼的人，更能发自内心地理解工人阶层的快乐与痛苦。对于真正的劳动者，我都会给予最可靠的支持。如果他们出于某种原因而面临被解雇的危机，我会毫无保留地挺身而出。

工人们感受到了这一点，这也可能是他们多年来称我为"本茨爸爸"的原因。当然，他们只是私下里如此称呼，多年来我对此一无所知。但如果普法尔茨人将"爸爸"（Papa）这个词发音为"Baba"，那么，鉴于我绝不马虎的教育原则，我认为，"爸爸"这个词至少应该用一个清楚的"P"作为首字母来拼写。

将心比心一直是我最重要的一个人生原则。以真心换真心，这一点在工人们对我的祝福中得到了美好的体现。

有些嘉奖和荣誉于我而言是无关紧要并且让人提不起兴趣的。它们就像匆匆过客，短暂问候之后便与你擦肩而过。

然而，当"本茨男声合唱团"在我位于拉登堡的乡村居所前排成一排，高唱"今天是主日"时；当演讲结束，工人们高举长满老茧的双手，齐声高呼"万岁！万岁！"时，那真是一种忠诚的宣誓，令我动容。这种超越《圣经》时代的古老虔诚，与革命时代高高在上的幻想和灰色理论相比，一定是植根于另外一种土壤的。

另外，我非常重视让工人们感受到自己是一个统一、共同的有机体的有生命力的肢体。紧要关头，任何人都不应该弃需要帮助的同事于不顾。下面这件让人愤怒的事可以详细说明这一点。

有一天清晨,时间刚过6点钟,当我走进工厂车间时,灯还亮着。当时我听到铁架后面有两个人激烈地扭打在一起。我马上叫附近工位的人来帮忙。但他们装作没听见,也没有抬头看一眼。

我走近一看,一个高大强壮的男人正掐着一个师傅的喉咙。

我天生不是高大健硕之人,但是在这极其危险的时刻,一种时至今日也无法解释的力量给了我一股神力。我像钢铁巨人一样紧紧地抱住了攻击者,一步步推到墙边,使他不得不放弃继续攻击。

打人的人连同现场的两个"聋子"一起被开除了。"可是,本茨先生,我们家里还有老婆和孩子,如果丢了工作,会对我们的生活造成很大影响的。"他们抗辩道。"多说无用,"我说,"在人命关天的时候,竟有人能如此没有同情心,这样的人我不想在我的工厂里看到。因此,你们被解雇了。"

还是让我们重新回到我的80岁生日和有关它的美好回忆上吧。

虽然有些离题,但这里也要提一下公司和工厂方面都写了些什么:摩尔和菲德哈夫的瑞士公司、罗塞公司、阿德勒工厂、博世股份公司、柏林的清洗厂、汉诺威大陆考楚克和古塔佩尔查轮胎公司、美国的彼得联盟、曼海姆贸易委员会、卡尔斯鲁厄邮政局局长，以及汉诺威汽车工业部门的 350 位学徒工和实习生都发来了祝寿信。斯图加特下图尔克海姆的戴姆勒汽车公司祝寿信的部分内容摘录如下：

> 您在明天 80 岁生日时可以对此进行回顾，除了艰苦工作以外，您这一生收获了前所未有的丰硕成果。您可以骄傲地见证您的开创性发明得到了飞速发展：汽车已经成了世界性的交通工具。

除了各种各样的德国汽车俱乐部的祝福以外，一封来自柏林的帝国汽车工业协会的电报是这样写的：

> 为了您的 80 岁生日，我们送上对我们最敬重的荣誉会员、举世闻名的汽车发明者最衷心的祝福。衷心祝福我们的老寿星能够继续和我们一起经历德国汽车工业的进一步发展。德国汽车工业的基石正是通过您的天才发明奠定的。

帝国交通部长的电报是这样写的：

>衷心祝愿第一辆德国汽车的制造者80岁生日快乐。

我一生都热爱和依恋那个让我梦回童年和青年时代的城市。巴登首府卡尔斯鲁厄的市长以市政府的名义对我表示祝福,他的祝福仿佛我童年天空中的一抹晚霞,让我振奋。他写道:

>您的故乡城市与您共同感到高兴,您终于能够享受荣誉,能够亲眼看到您的发明创造事业发展得规模如此巨大,意义如此重大。技术上的伟大进步需要感谢您的突破性发明。除此之外,您还可以当之无愧地享受到工业企业精神的丰硕成果。巴登首府为有您这样的儿子而感到骄傲。
>
>祝愿您今后还能享受一个舒适惬意和阳光灿烂的晚年。

令我特别高兴的是一所学校的贺信,它曾经在我荆棘丛生的发明家之路上给予我所需要的科学知识装备。

>在您80岁生日之际,卡尔斯鲁厄理工大学也在祝

寿的行列之中。在洋溢着喜悦和收获的今天,我们高兴地宣布您成为我校杰出荣誉博士中的一员,这一头衔仅仅能够授予少数人。我们希望,您还能够在未来的岁月中继续享受您毕生的工作,它的意义远远超出了您祖国的边界。作为卡尔斯鲁厄理工大学的现任校长,我很荣幸能代表学校写下这段话。

我说,你们汉诺威理工大学的学生们,你们知道吗,一个真正男子汉的心即使在80岁时也可以像你们一样年轻!请相信我,大学生歌谣响起的地方,掩埋已久的泉水会重新涌出,老寿星也会重返青春,"纵情欢乐吧,意气风发的大学生们"[1]。你们的生日祝福可不是什么微不足道的人转达的,而是你们的讲授汽车制造专业课程的教授转达的,你们的祝福唤起了我对大学时代许多美好的回忆。愿你们成长为出色的工程师!因为工程师,而不是哲学家和鼓舌摇唇之人,才是美好未来的开拓者。

你们的老师、政府枢密顾问特罗斯克教授写道:

> 长期以来,我一直担任汽车制造专业的讲师,每

---

[1] 这也是歌曲《我也曾对生活充满新鲜感》中的一句歌词。——译者注

次讲"汽车发展史"这部分,我都会特别开心地向学生们提到您——天赋异禀的汽油车发明者,同时也向他们讲解您第一辆汽车的结构,这辆车您早在1886年7月初就开上了曼海姆街头,比戴姆勒的第一次试驾足足早了9个月。

今天是您的80岁生日,我在讲授汽车制造课时想到了您,我的学生们一致同意用大学生特有的方式与我一起向您致以生日的祝福。

理智的人都不会因我在如此高龄之际停滞在1918年革命的急转弯当中,再也找不到通往"既有条件"下拥有新土壤的应许之地而怪我。因此,巴登大公爵弗里德里希二世、普鲁士亲王海因里希和其他王宫贵族的祝福让我深受感动和由衷地高兴。

我很高兴地承认:从南非开普敦到瑞典斯德哥尔摩,来自社会各界人士的众多祝贺与祝福,让我与过去那些嘲笑和低估我这个发明家的人和解了。祝愿爱和怀念与钟声齐响,不过,我清楚地知道,这是傍晚的钟声。

这钟声会逐渐震颤,减弱,直至消退,但我深切地感受到:我的热爱发明之心终生不渝。

运动的乐趣

我很早就学会了游泳，细心的母亲可能还不知道我去学游泳的事。有一天，我想还是要获得母亲正式的许可为好，所以就问母亲："母亲，我可以去游泳吗？"她立即反对："哦，不行！你必须先学会游泳，参加游泳考试，然后给我看你通过考试的证明才行。"现在，我得使出浑身解数，用我的三寸不烂之舌让担心的母亲相信我的游泳技术。毕竟上游泳课要花两个银塔勒[1]，用这笔钱我可以购买我工作室所需的钉子、螺丝和工具。

然而，所有的理由都无法与为孩子操心的母亲的意志抗衡。我不得不顺从命运的安排，感觉自己像一个已经学会飞奔却还要去学习走路的人。在去游泳学校的路上，我

---

[1] 19世纪初期和中期在德意志邦联时期的巴登大公国境内流通的一种银币，现已废除。——译者注

得脱下老手的行头，乔装成新人，换句话说，我决定先假装自己不会游泳，这样教练赚的这份学费就不会显得毫无意义。"你能游一点儿吗？来吧，我会用绳子拴住你。"教练说。当他看到我第一次试游后，他说："你可以直接参加考试了。"可是，这正是我不想做的事。到了第三天，我不得不参加了游泳考试。在我连续游了半个小时并从3米深的水底轻松游上来后，我获得了通过游泳考试的证书。然后，我才从裤兜里慢吞吞地掏出两枚银塔勒。

比起夏季水上的欢乐，冬日里在光滑如镜的冰面上滑冰更令我快乐。我从小到大一直都酷爱滑冰，即使到了古稀之年，我仍能在光滑的冰面上滑出优雅的数学曲线，我的花滑技巧，令年轻人驻足观看，惊叹赞赏。直到医生担心我的老骨头太脆弱而严肃地禁止我滑冰，我才忍痛挂靴，不再滑冰。可惜了我心爱的冰鞋！我一辈子只穿了这一双冰鞋滑冰，而这双冰鞋是我年轻时自己手工制作的。这双出自我童年之手的技术杰作展现了我自己的设计，就像我后来设计的所有机械一样，我看重的首先是安全性。我用螺钉从下方将鞋跟旋拧进鞋底，这样冰刀就可以牢牢地固定在鞋底，不至于松动或滑脱了。

从光滑冰面上的滑行到在镶木地板上的舞蹈只一步之遥。跳啊，跳啊，随着有节奏的节拍摇摆，转身，旋转，滑步，这对我来说，就像陶醉在美妙音乐当中的漫步。如果说，当年轻人痴迷于运动的快乐，而你对此却**丝毫不感兴趣**，不愿参与，这说明你已步入"老年"的话，我这个80岁老翁就像一个挥舞时尚狐狸帽的年轻人一样，还算年轻。医生禁止我滑冰，但是没有医生会禁止我跳舞。有人跳舞的地方，都会有我的身影，只要我的腿脚能够承受，只要我的心还在跳跃，还能感受到愉悦。华尔兹是如此美妙，我甚至自诩为著名华尔兹作曲家科沙特的"传教士"："就连传教士也会跟着舞曲拍手打节奏呢！"

正如我所说，在人类对脚踏车还嗤之以鼻的年代，我已经在享受骑行的快乐了。

当我回溯我所有运动方面的兴趣爱好时，我惊讶地发现它们都聚焦到一个点上，这个点叫作"前进"。前进的乐趣在发明"自行移动的车辆"即汽车时达到顶峰。"汽车"像阳光一样照进我的生命。

慕尼黑的庆典

我经常沉思默想，或是疲倦又无奈地念叨："我的汽车如今在慕尼黑的德意志博物馆里，我这一辈子或许再也看不到它了。"对于我这样一个多年来一直背负重担的人，要下定决心去远行以及在各地旅馆里久住已经不那么容易了。但是，当那些爱好老爷车的老兄弟想尽办法邀请我去参加慕尼黑老爷车节时，突然，我不再顾虑自己的年纪，内心很坚定：我要去。

看到"老爷车"一词，一般读者会想："那是什么？"这个名字的由来要追溯到汽车驾驶证写着各种汽车昵称的时代。

巴黎人把汽车称作 Töff-Töff（发动机启动时的拟声词），而莱茵人则称其为 Rappelkasten（"癫狂的盒子"），柏林人称之为 Heuldroschke（"嚎叫之车"），在维也纳和慕尼黑它的名字是 Schnauferl。世界上可能还没有哪个新生命像汽车这样，尚在摇篮之中就被赋予了如此多的别名。如果德国人在确定一个合理的名字去描述概念时能像在起昵称时那么富有创意，那么汽车今天就不会以一个法语词Automobil（意为"自行移动的"）畅行在世界上了。

19世纪末，汽车俱乐部如雨后春笋般在德国涌现出来。最先成立的是由普尔曼教授和奥特尔先生领导的"巴伐利亚汽车俱乐部"（成立于1899年1月14日）。"万事开头难"这句话在俱乐部成立之初应验了。这家新成立的俱乐部拥有两辆完好无损的汽车——奔驰舒适型车。

此后不久，我的儿子欧根创立了"莱茵汽车俱乐部"（成立于1899年4月15日，当时拥有60名会员），并担任俱乐部主席多年。该俱乐部与其他所有成立于1899年的汽车俱乐部一样，首先关注的都是运动兴趣。1900年6月18日由柏林体育作家和出版商古斯塔夫·布劳恩贝克先生、曼海姆的弗里茨·黑尔德先生等人创建的老爷车俱乐部则截然不同。"老爷车"这个词本身就意味着，在这个俱乐部里兴趣和快乐是最重要的，开老爷车的兄弟们在俱乐部旗帜上用镀金大字写下的"幽默"二字也证明了这一点。

现在，我们的大众老爷车俱乐部即将迎来25周年银禧大庆。还有哪个城市比这座创建了德意志博物馆并在建成当年就成为交通展览中心的城市,更合适举办25周年庆典活动呢?

真不愧是德意志博物馆!我在馆长的亲切陪同下进行了几个小时的参观,聆听了讲解,所见、所闻、所感对于一个最后一次心脏跳动也要献给技术的人来说,真是动人心魄。这种激动让我不禁想起一件真实的小事。

我有一个孙子,他长这么大从来不玩别的玩具,只玩自制的火车头和自己组装的汽车。有一天,他母亲带他去了德国最美丽的巴洛克教堂之一。在强烈震撼下,他抛出了一个问题:"为什么人们在这房子里安置这么多祭坛和漂亮的柱子呢?"他母亲回答道:"人类艺术所能创造的最高成就之所以被放在教堂里,是为了向上帝致敬。"这个4岁的孩子继续用不满的语气问道:"那么,为什么不把火车头和汽车放进去呢?"

这里,德意志博物馆,就是一个展示火车头和汽车以及所有技术成就的"大教堂"!这不是一座向上帝致以崇高敬意的大教堂,而是一座向永远思考、永远发明创造、永远进步的人类精神致以崇高敬意的大教堂。

25周年庆典不仅仅是欢乐和重逢的节日,也是一次回忆历史的节日。这次庆祝活动定会成为交通史发展道路上的一块里程碑。因此,曼海姆的弗里茨·黑尔特先生提

图 54　81 岁的卡尔·本茨作为嘉宾出席慕尼黑老爷车俱乐部 25 周年庆典。

议举行一次历史性的车队巡游。人们呼唤过去和被遗忘的祖先。瞧,他们来了。他们在具有历史性的车队中整齐列队,又变得精神抖擞,欢快地高唱"Töff-Töff"。应我个人的要求,我的第一辆汽车也被从德意志博物馆放出来几个小时,亲自驾临游行车队,它必须排在汽车祖先队伍的最前面,引领车队跑起来。太棒了!它还能跑,而且跑得很勇猛,一直如此。当数万人的欢呼声冲向这辆当年被嘲笑和讥讽的老爷车时，它是那么惊讶！不过，我想听听观众对这场历史性的、让汽车谱系重新焕发生机的游行车队印象如何，听他们说说此次游行给人群带来了怎样的影响。《慕尼黑报》的记者这样写道：

> 星期日上午，成千上万的人摩肩接踵，拥挤在北侧特蕾莎广场蜿蜒的街道上，他们看到了全世界都从未见过也不可能再见的景象，原因很简单，因为这些展品，即汽车，几乎不会再以这种历史上如此完整的规模聚在一起了。人们看到没有马拉的"自动车"轰鸣着驶过；紧随其后的是阿德勒、斯托维尔、奔驰和梅赛德斯这些最现代的、创纪录的120马力和200马力汽车，它们发出低沉的隆隆声驶来；还看到了1924年塔格和科帕·弗洛里奥耐力赛上由冠军克里斯蒂安·维尔纳驾驶的梅赛德斯赛车，以及奥迪夺冠赛车、国家汽车协会参加过蒙扎大奖赛的赛车、最现代的水滴型和流线型汽车（伦普勒、奔驰、阿波罗、迪昔、塞尔夫）。人们不仅看到了机械、发动机和汽车，还看到了它们仍然健在的主人和师傅——汽车最初的创造者、81岁高龄的发明家卡尔·本茨博士。他和身旁的儿子一起驾驶着自己制造的第一辆汽车。人们看到了

从德意志博物馆借出来的、1883年由本茨设计的世界上第一辆汽油车，还看到了本茨同时代的戴姆勒制造的汽车，最早期的梅赛德斯、斯托维尔（由公司总经理埃米尔·施托维尔主驾）、欧宝、阿德勒、迪昔、毛雷尔联盟汽车以及由戴姆勒设计的世界上第一辆以汽油发动机为动力的三轮摩托车，还有慕尼黑原创最古老的量产双缸四冲程发动机的两轮摩托车，在它后面是一辆根据德国专利由法国制造的弗布斯-阿斯特尔三轮汽车，还有一辆内卡苏尔姆工厂制造的两轮摩托车。

人们边看边笑。这些老爷车的发动机转动吃力，显得那么窘迫，人们早已将它们遗忘，现在又把它们请出来，这些历史上的先驱者，如今在汽车界已是老弱病残了！然而，它们仍然咔嚓咔嚓、嘎吱嘎吱地活动着老筋骨，艰难地、气喘吁吁地行驶着，它们坚持着，行驶在特雷西恩霍赫的山路上，它们又一次出色地履行了自己的职责，这或许也是最后一次了！它们不需要什么同情怜悯，它们勇敢而骄傲地行驶着。人们欢笑着，惊叹着，敬畏与欢笑交织在一起。马车、农用车、与货车或旅行用车类似的车辆，即使在今天看来已经孱弱不堪，外形滑稽可笑，断肢残臂，但它们毕竟是汽车，是发动机驱动的、排挤并取代了马匹和让畜力蒙羞的机动车！瞧啊，游行车队唤起了欢笑、敬畏和热情，因为很多著名的设计者、发明家、制造商，还有一些争冠得奖的赛车手也参加了游行。德国汽车界的王者们随着游行车队穿过我们的城市。当年迈的本茨博士坐在自己设计的汽车上，行驶在那些在其思想的激励下、经过激烈的竞争成为他的后继者和竞争对手的人的前头，他的心情如何呢？当包括路德维希·费迪南德亲王和阿尔方斯亲王、国务秘书冯·弗兰克、邮政署长扬克博士、市长库夫纳博士、市议员兼商务顾问罗莎女士等在内的观众得知，那位坐在老旧小车上头戴礼帽、精神矍铄的老人就是老前辈本茨——汽车的发明者的时候，都对他致以了崇高敬意。

与此同时，庆典菜肴也都是以汽车相关词汇命名的。菜单（上面写着"马力菜单，含1~5挡菜肴和一道倒挡菜肴"）令我们这些饥肠辘辘的老爷车俱乐部弟兄大开眼界："启动零部件""业余车手的小聪明""突突突牛排""被碾轧的鹅肉"，还有一些上帝才晓得是什么的菜肴。记住所有这些庆典菜肴的名称是不可能的，更不用说记住各种庆典祝词了。我不得不引用《慕尼黑新闻报》的报道。它写道：

　　慕尼黑庆典主席、市商务委员会委员鲍姆格特纳先生在他的开幕词中回忆了汽车的发明和征服世界的过程。他把慕尼黑称为"精神和艺术进步的中介"，看作"一个任何好人在任何时间里都能寻觅到宝藏和最后归宿的安全之地"。他对老爷车俱乐部名誉主席、俱乐部主席团和著名的荣誉博士本茨先生表示热烈欢迎，而本茨博士上次到慕尼黑是1888年，那时他驾驶的划时代的汽车时速为6公里，还被工业展览会授予了"大金牌"。在给这位可敬的德国技师和伟大的发明者颁发荣誉奖章和证书的同时，慕尼黑也证明了自己在那个时代所具有的欣赏能力和智慧。本茨博士刚进场就受到了欢呼，而且一直是被热烈尊崇的对象，他的儿子欧根和理查德也同样受到了欢迎。除此之外，大会主席还对众多参加庆典的业界知名代表表示了欢迎，其中有在奔驰公司担任高管42年的荣誉博士布莱希特先生，有商业委员会主任和荣誉博士海因里希·克莱尔，有来自阿德勒工厂的著名老车手和创始人，有费希特和萨克斯公司的创始人之一、轮胎汽车技术协会的萨克斯博士，有霍希和奥迪公司的创始人，同时也是资格最老的一位汽车设计总经理奥古斯特·霍希博士，有闻名于德国飞机制造业、指出过德国汽车制造新路的埃德蒙特·伦普勒博士，有最早投入汽车制造业的总经理埃米尔·施托维尔，有汽车发展早期阶段的开拓者阿尔弗雷德·勒维斯博士，有摩擦电机驱动车辆的制造者路德维希·毛勒总经理，有来自汉堡帕莱森特和科隆施米茨的汽车贸易先锋人士。

接下来，商务委员会委员鲍姆格特纳欢迎了德国最早的赛车手和教练阿尔特曼，奔驰公司的工程师埃勒和老技师本德尔，曾是赛车手、汽车行业的先锋人士和如今的建筑委员会委员普凡茨，出版商巴尔特，前自行车冠军约瑟夫·格贝尔，还有很多人。致辞者欢迎新时代的各位著名人士，其中包括赢得1914年法国大奖赛冠军的梅赛德斯车手劳腾施拉格尔和萨尔策，1924年塔格和科帕·弗洛里奥耐力赛的冠军克里斯蒂安·维尔纳，著名的欧宝车手卡尔·弗恩斯，蒙扎赛车的冠军工程师里肯，还有著名的赛车手汉斯·艾策马克。致辞者高举酒杯，欢迎和祝贺所有这些德国的实践先锋、德国的进步和德国的胜利。

确实如此。慕尼黑人没有吝啬他们的敬意与掌声。当德国交通展览会主席、国务秘书弗兰克先生在宴会致辞中称我为"德国汽车界的斯蒂芬森[1]"时,要不是我已步入耄耋之年,我几乎要骄傲了。我一定会珍惜,因为只有少数人有幸能够体验他们具有划时代意义的发明思想的胜利和成功,而我就是其中之一。不管怎样,我都要回答一下"当年迈的本茨博士坐在自己设计的汽车上,行驶在那些在其思想的激励下、经过激烈的竞争成为他的后继者和竞争对手的人的前头,他的心情如何呢"这个问题,当然不免有些忧伤。请相信我,发明的过程比结果要更美妙。我多想再从头开始经历一次!

37年前,在慕尼黑,我因发明新式发动机驱动车辆而被欢呼声包围;遗憾的是,今天,我无法亲自感谢所有在慕尼黑给我带来快乐的人。因此,我想把写给老爷车俱乐部荣誉主席、柏林人古斯塔夫·布劳恩贝克先生的感谢信同时也转达给所有的人,向他们表示感谢。

我们可爱的、热闹的老爷车俱乐部周年庆典的欢

---

[1] 即乔治·斯蒂芬森,英国工业革命时期发明家,世界上第一辆蒸汽机车的发明者。——译者注

乐时光已经结束，我已回到了我们宁静的拉登堡小镇。

现在，我迫切地想要向尊敬的俱乐部主席团表达我最诚挚的感谢，感谢各位的盛情款待、辛苦付出和高度关注。我多么想做一次演讲向你们以及所有亲爱的老爷车俱乐部的兄弟表达感谢，并告诉你们这些天来震撼我心灵深处的一切，我真的深受感动。几十年来，我一直在最前沿，与当时的偏见和陈旧的世界观做斗争，只有在你们，一群意气风发的先驱的帮助下，就像你们25年前在老爷车俱乐部以及其他俱乐部里联合起来那样，才使我的汽车理念最终取得了突破。我做梦也不会想到，我们的事业能达到如此巅峰，并得到普遍认可。

再说说我亲爱的老朋友们，生命中能够再度重逢，握手问候，我心中真是异常高兴。

现在，快活欢乐和高声欢呼的日子已渐近尾声，而永存的是回忆！但是，请告诉老爷车俱乐部的兄弟们，这是我一生中最美丽的回忆！

愿老爷车俱乐部蒸蒸日上！

你们的

卡尔·本茨博士

图 55　卡尔·本茨和儿子欧根·本茨乘坐维多利亚车型奔驰专利汽车。1925年，慕尼黑老爷车俱乐部周年纪念游行车队。

回忆与展望

从远古时代的环形道到发动机驱动的车辆,这是一条漫长的道路。

这是一条穿越千年的文明之路。

站在这条道路起点的是史前人类,他所掌控的空间和距离仅限于双腿能够带他走多远和把他带到哪里。在速度、耐力和力量方面,那个时代的大多数强大的掠食者都比人类强。但是大自然没有赋予人类的东西,精神——发明者和研究者的精神定会给予,哪怕是鸟儿展翅飞翔的本领也会给予。可以说,困境激发创造力,使原始人成为发明家。

在努力摆脱大地的束缚,从空间的奴隶升级为空间的主人的过程中,一代又一代的发明家在几千年的文明升级中前赴后继。

人们发明了碾磨车、轧制车、滚轮车、两轮车和四轮车。然而，几千年来，人类在这些车辆面前唉声叹气，驮畜则在重负之下气喘吁吁，尽管各个民族和各个时代的最强发明者都在竭尽全力，试图用机械牵引取代畜力牵引，但这一直都是一个巨大的挑战。

直到蒸汽机被发明出来，这一情况才发生了改变。一个新的时代——蒸汽时代开始了。人们可以驾驶蒸汽动力车辆向前走。它们本身生命力并不强，但生命力强盛并引发文明升级的是它们的后代——由特里维希克和斯蒂芬森发明的被安置在铁轨上的铁路机车。大众运输和长途交通已实现强大和具有划时代意义的成就，但这位钢铁交通巨人只能如奴隶般依附于昂贵的轨道，才能发挥其无与伦比的力量，它受制于铁轨的固定方向，缺乏马车那样的灵活性和自由移动的能力。

汽油车的问世标志着汽车史上另一个时代的开始——发动机时代。德国工程师成功地将广义上的"机车"从一维的强制性运动中解放出来，使其脱离了固定的轨道。现在，不仅仅是铁路线，通往四面八方的路面都向汽车俯首称臣了。他们的发明推动了文明的巨大进步，发动机驱动的、能够自由掌控方向的汽车，是人类在自主掌握空间和时间的道路上更高的发展阶段。

然而，汽车及其发动机在人类文明方面的意义并不仅限于此。从它诞生的那一刻起，汽车制造业的发展趋势就是让发动机运行得越来越轻、越来越快。轻便型发动机最终得以实现，人类借助这种发动机可以让自由移动达到更高的发展阶段。

听啊，那来自头顶上空的声音！你们听到那轻便的发动机在上空盘旋时发出的强劲轰鸣声了吗？那是新时代轰轰作响的机翼发动声，这就是发动机文化的时代，处于低处的人类成功地摆脱了沉重的大地，从此开始主宰地球以及地球上空的空间，与生俱来的空间枷锁被抛开。《浮士德》中说："唉，怎奈任何肉体的翅膀都不易同精神的翅膀结伴而飞。"现在，这个古老的人生梦想已然实现了。

人类飞起来了……

一个80多岁的垂暮老人能够目睹并经历这一古老人类梦想的实现，对我来说，这是我生命天空中一抹灿烂的晚霞，伴随着冉冉升起的晨曦，带来了希望和活力。

结束语

汽车先驱卡尔·本茨博士亲笔撰写的传记就这样以一段自白结束。1925年,"荣誉老爷车兄弟"、第一辆实际可用的汽车的发明者卡尔·本茨成为德国老爷车俱乐部慕尼黑银禧庆典上的焦点人物。此后,这位伟大的发明家在家人的陪伴下,在坚强的妻子同时也是好帮手的陪伴下,在宁静、梦幻的拉登堡庄园度过了充满阳光、静心沉思的5年时光,不远处就是他曾经工作和奋斗的地方。这是一段幸福岁月,正如一个积极向上、勇往直前的人在富有思想、追求、工作、挑战和成就的一生即将结束时所希望的那样。承载这宁静的暮年生活的是一栋温馨舒适的房子,房子周围是精心打理的花园,花园里花团锦簇。根据发明家的心愿,林荫树下还安置了一张长椅,为的是可以让他坐在长椅上惬意沉思,回眸一生。

卡尔·本茨生平

荣誉博士卡尔·弗里德里希·本茨

1844 年 11 月 25 日出生于卡尔斯鲁厄

1929 年 4 月 4 日逝世于拉登堡

1853	就读于卡尔斯鲁厄文理中学
1860	就读于卡尔斯鲁厄综合技术学校（后更名为卡尔斯鲁厄理工大学）
1864	就职于卡尔斯鲁厄机械厂，担任钳工
1866	就职于曼海姆的施魏策公司，担任绘图员及设计师
1868	就职于普福尔茨海姆的本基泽尔兄弟公司，担任设计师
1871	与奥格斯特·里特在曼海姆共同创立机械厂

1872	接管曼海姆奔驰公司的铸件和机械厂
1878	开始研究二冲程发动机。于1879年新年夜进行第一次实验
1882	公司被改造为曼海姆燃气发动机厂。退出公司
1883	于曼海姆成立奔驰公司莱茵燃气发动机厂
1897年9月30日	中欧汽车协会创始成员
1903年1月24日	离开奔驰公司管理层,移居拉登堡
1906	于拉登堡成立奔驰父子公司
1904—1926	奔驰公司监事会成员
1912年3月1日	作为合伙人退出奔驰父子公司
1914	获得卡尔斯鲁厄理工大学荣誉博士头衔
1926—1929	戴姆勒-奔驰股份公司监事会成员
1928	获得巴登勋章

译者的话

我自1994年到2013年在戴姆勒集团工作了19年,可以说是陪伴着奔驰公司进入中国的。退休以后,不时回忆起当时的工作情景,有点儿不甘寂寞,遂找这本书来读。我着迷了。

我想,不能没有本茨自传的中文版!这位世界公认的首位汽车发明家,在19世纪末艰难探索,突破技术的极限、世俗的偏见而成功发明了内燃机和汽车,其中闪耀的发明创新精神会给我们无限的启迪。

本书据德国SEVERUS出版社2012年的版本译出。德文版的花体字识别有难度,疫情期间被锁在家里却正好有了充足的时间,昼夜研读、翻译。衷心感谢中信出版社,感谢关玉红校译,感谢胡明峰、邵豫编辑,使本书得以迅速出版。

任友林
2024年12月9日于北京